跨境商务礼仪

主　编　欧阳驹　王成伟
副主编　江盈盈　孙　钦

北京理工大学出版社
BEIJING INSTITUTE OF TECHNOLOGY PRESS

版权专有　侵权必究

图书在版编目（CIP）数据

跨境商务礼仪 / 欧阳驹，王成伟主编. -- 北京：北京理工大学出版社，2024.7.
ISBN 978-7-5763-4340-3

Ⅰ．F718

中国国家版本馆 CIP 数据核字第 2024AG0042 号

责任编辑：王梦春　　文案编辑：芈　岚
责任校对：刘亚男　　责任印制：施胜娟

出版发行 / 北京理工大学出版社有限责任公司
社　　址 / 北京市丰台区四合庄路 6 号
邮　　编 / 100070
电　　话 / (010) 68914026（教材售后服务热线）
　　　　　(010) 63726648（课件资源服务热线）
网　　址 / http://www.bitpress.com.cn

版 印 次 / 2024 年 7 月第 1 版第 1 次印刷
印　　刷 / 三河市天利华印刷装订有限公司
开　　本 / 787 mm×1092 mm　1/16
印　　张 / 12.25
字　　数 / 263 千字
定　　价 / 65.00 元

图书出现印装质量问题，请拨打售后服务热线，负责调换

前　　言

在全球化程度日益加深的今天，跨境商务活动已成为企业拓展国际市场的重要途径。然而，不同国家和地区之间，由于文化、历史、社会习俗等多方面的差异，跨境商务交往中的礼仪规范也千差万别。尤其是近几年来，国家大力发展外贸新业态、新模式，跨境电子商务获得快速发展，参与到跨境商务活动中的人员越来越多。在跨文化背景下，跨境商务人员只有对不同国家的礼仪习惯、风土人情、商务活动惯例更加了解，规避不合礼仪的行为，才能在跨境商务活动中掌握更大的主动权，得体地展现企业形象，促进商务合作的顺利进行。

本书编写团队以跨境商务业务活动顺序为主线，基于当前跨境商务活动中所表现出的新的商务礼仪和习俗，从不同国家和地区的礼仪习惯，到跨文化沟通的技巧，再到实际商务场景中的应用，编写了本书。本书呈现以下三个特点：

1. 紧贴实际，与时俱进。该书根据跨境商务发展新特征，扩充跨境商务礼仪内涵，实现跨境商务礼仪的与时俱进，以满足外贸新业态发展下跨境商务活动从业者对跨境商务礼仪相关知识与技能的需求。

2. 内容实用，针对性强。本书以跨境商务涉外业务活动为主线，兼顾中国主要跨境贸易伙伴国家或地区，结合外贸发展新业态、新模式，重点普及跨境商务礼仪知识，编写思路新颖，内容实用，具有很强的针对性和时代性特征。

3. 突出能力，重视素养。本书在案例选取上紧扣时代脉搏，以学生需求为中心，在课中的案例和课后的知识与能力测验中，引入企业实际案例，增加学习趣味性的同时，提升学习者对所学知识在实际中运用的能力，融知识性、思想性与实战性于一体，突出学生能力和素质的培养。

本书既可以作为跨境电商、国际商务、电子商务、国际经济与贸易、应用英语等专业的教材，也可以作为以上领域从业人员的参考和培训用书。

在本书编写过程中，编者深入企业调研，获取最新资料，同时也参考了很多出版物和互联网资源，已在本书的参考文献中注明，在此向原作者表示深深的谢意。

为了紧贴业务实际，书中的案例、图片基于真实存在编写，附以虚拟的公司机构名称、地址和内容。所述内容如与真实生活中的人物、组织或事件雷同，纯属巧合。

  本书由浙江育英职业技术学院数字商贸学院院长、全国高级礼仪师欧阳驹教授担任第一主编；浙江育英职业技术学院王成伟老师担任第二主编，江盈盈老师、孙钦老师担任副主编。本书的结构框架体系由欧阳驹老师设计，具体编写分工如下：模块一和模块二由江盈盈老师编写，模块三和模块六由欧阳驹老师、王成伟老师编写，模块四和模块五由孙钦老师编写，同时，杭州联德精密机械股份有限公司外销部李金英女士、慈溪麦可思电器有限公司苏兴总经理对本书的编写提供了非常有价值的建议，并给予大力支持，再次表示感谢。最终全书由王成伟老师统稿，欧阳驹老师主审。

  由于编写时间紧、任务重，且编者水平、知识宽度所限，本书难免有错误和不足之处，真诚欢迎各界人士批评指正，以便再版时及时修订，使其日臻完善。

编者

目 录

模块一 商务形象礼仪 ……………………………………………（002）
 单元一 仪容礼仪 …………………………………………………（004）
 单元二 服饰礼仪 …………………………………………………（017）
 单元三 仪态礼仪 …………………………………………………（030）

模块二 商务接待礼仪 ……………………………………………（050）
 单元一 称呼迎接礼仪 ……………………………………………（052）
 单元二 见面介绍礼仪 ……………………………………………（061）
 单元三 名片位次礼仪 ……………………………………………（068）
 单元四 商务沟通礼仪 ……………………………………………（075）
 单元五 参观礼仪 …………………………………………………（079）
 单元六 接机入住礼仪 ……………………………………………（082）

模块三 商务洽谈礼仪 ……………………………………………（088）
 单元一 电话洽谈礼仪 ……………………………………………（090）
 单元二 网络洽谈礼仪 ……………………………………………（096）
 单元三 谈判与签约礼仪 …………………………………………（102）

模块四 商务宴请礼仪 ……………………………………………（110）
 单元一 工作餐礼仪 ………………………………………………（112）
 单元二 中式餐饮礼仪 ……………………………………………（118）
 单元三 西式餐饮礼仪 ……………………………………………（124）
 单元四 自助餐酒会礼仪 …………………………………………（130）

模块五 欢送礼仪 …………………………………………………（138）
 单元一 商务礼品选取 ……………………………………………（140）
 单元二 礼品赠送礼仪 ……………………………………………（146）
 单元三 乘车礼仪 …………………………………………………（151）
 单元四 送别礼仪 …………………………………………………（155）

模块六　我国主要跨境贸易伙伴国家商务礼仪 ………………………………（160）

　　单元一　东盟主要国家商务礼仪 …………………………………………（162）

　　单元二　欧盟主要国家商务礼仪 …………………………………………（169）

　　单元三　英美商务礼仪 ……………………………………………………（176）

　　单元四　日韩商务礼仪 ……………………………………………………（180）

　　单元五　俄罗斯商务礼仪 …………………………………………………（185）

参考文献 ………………………………………………………………………（190）

模块一

商务形象礼仪

模块一　商务形象礼仪

【学习目标】

知识目标

- 了解跨境商务人士职业妆容的特征。
- 熟悉跨境商务人士西装穿着的规范。
- 熟悉跨境商务人士标准站姿、行姿、坐姿、蹲姿及手势的规范。
- 掌握跨境商务人士职业形象打造的基本要素。

能力目标

- 能运用一般的化妆技巧，打造适合不同场合、适合自己的妆容。
- 学会运用服饰五要素进行跨境商务人士着装的搭配。
- 能够熟练运用站姿、行姿、坐姿、蹲姿及手势等，塑造良好的仪态。

素质目标

- 具备跨境商务人士良好的职业形象。

【思维导图】

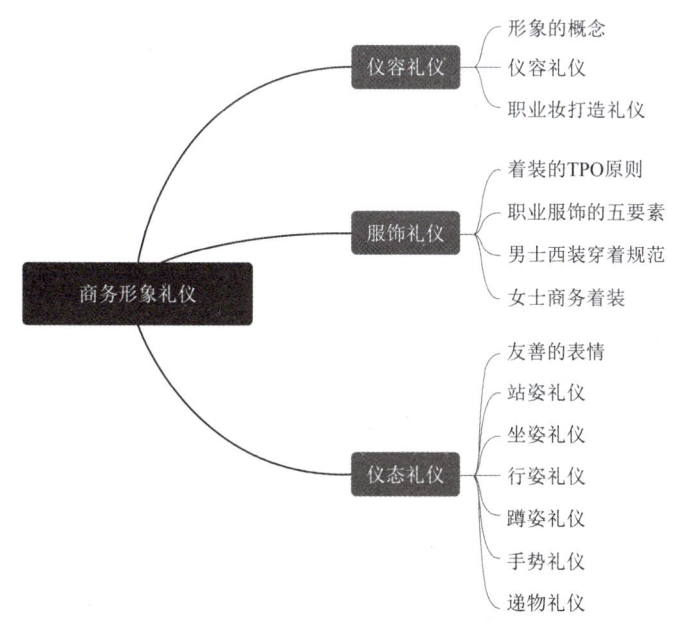

商务形象礼仪
- 仪容礼仪
  - 形象的概念
  - 仪容礼仪
  - 职业妆打造礼仪
- 服饰礼仪
  - 着装的TPO原则
  - 职业服饰的五要素
  - 男士西装穿着规范
  - 女士商务着装
- 仪态礼仪
  - 友善的表情
  - 站姿礼仪
  - 坐姿礼仪
  - 行姿礼仪
  - 蹲姿礼仪
  - 手势礼仪
  - 递物礼仪

【模块背景】

2023年7月，佳明毕业后入职浙江太阳雨服饰有限责任公司外贸部，岗位为跨境电商专员，负责公司产品的外销。在第一天的入职培训中，外贸部经理告诉他，作为和外商打交道的跨境电商专员，一言一行都是在向世界展示着中国和中国企业的形象。所以，除了具备跨境电子商务的专业知识，还需要掌握商务形象礼仪知识，具备良好的职业形象。佳明听后，认真地学习了商务形象礼仪知识。

单元一　仪容礼仪

一、形象的概念

关于形象，在当今社会上有一个流传非常广泛的"55/38/7"定律，这是心理学家经过多年的研究得出的一个结论：我们给人的第一印象即别人对你的看法，只有7%取决于谈吐内容；38%在于表达这些内容的方法，如手势、语气、姿态等；55%取决于你"看起来"够不够范儿，也就是说看外表，"以貌取人"。因此，我们永远没有给人留下美好第一印象的第二次机会，这便是心理学家们研究得出的首因效应。

那么，什么是形象？形象是一个人精神面貌、性格特征的具体表现，包括容貌、表情、穿着、声音、仪态、生活态度等能够反映人内在本质的内容。

二、仪容礼仪

仪容，通常指一个人的外观、外貌，是组成个人形象的一部分。仪容美是自然美、内在美和修饰美的统一。在人际交往中，每个人的仪容都会引起交往对象的特别关注，并将影响对方对自己的评价。

（一）女士仪容礼仪

1. 仪容整洁

有句话说："没有人愿意通过你邋遢的外表去了解你优秀的内在。"作为跨境商务人士，在职场中不管是否化妆，都要做到仪容整洁。

一是个人整体卫生要求。勤洗头、勤洗澡，勤换衣物，避免产生过于浓重的体味。一般夏天每天都要求洗澡，至少每两天洗一次头发。即使在寒冷的冬季，也应当至少每周洗一次澡，每2~3天洗一次头发。内衣、外衣要保持整洁，特别是衣领、袖口要保持干净。袜子每天都要更换、清洗。

二是面容的清洁。每天早晚都要清洗脸部，彻底清除面部包括颈部的污垢、汗渍。出汗后应当及时洗脸，及时清除眼角、鼻腔、耳朵内的分泌物，鼻毛过长的应及时修剪。

三是保持口气清新。坚持"三三原则"，即每天三餐后在三分钟内完成漱口，及时清除残留在口腔里的食物残渣，以免口腔产生异味。会见客户前，避免进食辣椒、大蒜、洋葱、咖啡等味道重的食物或饮品，以免产生刺激性的口腔味道，严重影响与他人的交流。萝卜等容易在体内产气的食物也要规避，避免与他人交流时身体产生异响。

四是手臂、腿部、脚部等其他裸露部位的清洁。女士在夏天喜欢穿无袖的衣服，要剔除腋毛，保持腋下清爽无异味。手臂保持清洁，经常保养手部，比如涂滋润的护手霜等，使手部肌肤保持嫩滑。勤剪指甲，避免指甲缝中残留污垢。许多女性喜欢涂指甲油，在职场中，要避免涂抹颜色鲜艳的指甲油，更不可一只手五个手指涂多种颜色的指甲油。对于爱美的人士来说，可以适当涂抹透明或者裸色等颜色淡雅的指甲油。指甲油如果出现局部剥落，应当及时清理、修整。腿部、脚部也要保持清爽干净，每天认真洗脚，不在裸露的肌肤处文身，在职场中不穿露脚趾的鞋子，容易显得不够端庄，也不在脚趾头上涂亮色指甲油。

2. 发型

良好的职业形象需要有端庄的发型。既要整洁、漂亮，又不可过于前卫。

在发型的要求上，首先是保持头发的清洁、无异味；其次跨境商务人士要呈现给他人干练、清爽的精神面貌，因此长发均要求束发，避免披头散发地进入自己的工作岗位。披头散发容易带给别人工作比较散漫、不够专业、缺乏精神的印象，从而影响整个企业的形象。女士发型总体要求是刘海儿不过眉、长发不过肩、短发不露耳，因此束发在职场中显得十分重要。

在这里建议跨境商务场合的女性可以在工作时盘发。盘发可以给人带来气质高雅、造型丰富美观的感觉，并且可以用各种朴素或靓丽的头饰来点缀，既可以显得漂亮、华丽，也可以显得庄重、典雅。

3. 女士仪容礼仪行为规范

（1）跨境商务场合的女性，既不可不修边幅地放任自己的形象不管，也不可浓妆艳抹。平时可以准备一个随身携带的小化妆包，里面至少有一支口红、一支眉笔及修眉刀、一个化妆镜，以备日常工作的社交需要。

（2）化妆用品专人专用，这也意味着不可随意使用他人的化妆品及化妆工具。每个人的化妆盒都具有隐私性，隐藏着各自的喜好与习惯，随便使用他人的化妆品等于侵入他人的私人空间，是非常不礼貌的行为。而且化妆用品用在个人的脸上，与肌肤是亲密接触的，它如同内衣一样属于私人用品，如果相互借用，很容易传播疾病。

（3）不当众化妆。当众化妆容易让别人误解一个人的品德，如果确实需要补妆，应当到洗手间或无人处进行。补妆的动作要快，几分钟内就应该完成，否则长时间占用洗手间内的台子，不仅会影响他人使用，也是十分失礼的。

（4）不对他人的妆面品头论足。每个人审美观不尽相同，大家各有所好。对别人的妆面说三道四、品头论足，是一种很失礼的行为，也容易造成他人难堪的尴尬场面。

（5）不在公共场合擤鼻涕、随地吐痰，而应使用纸巾，并将用过的纸巾扔进垃圾箱。不对着别人咳嗽、打喷嚏、打嗝、身体发出异响等。

(6) 剔牙齿、掏鼻孔、挖耳屎、修指甲、搓泥垢等行为都应该避开他人进行，否则不仅不雅观，也是不尊重他人的表现。

(二) 男士仪容礼仪

1. 仪容整洁

在仪容整洁方面，男士要求与女士大致相同，这里主要补充符合男士特性的几点要求。

一是面部清洁。男性皮肤的表层要比女性皮肤表层厚30%～40%，皮脂分泌量也比女性高出50%以上，因此多数男性的皮肤都会呈现出较为油腻的状态。如果不注重皮肤的保养和清洁，很容易呈现出一副邋遢、精神萎靡的状态，因此男士的皮肤清洁与保养和女士一样不容忽视。

二是修面。跨境商务男士应当每天修面一次，刮干净脸上的胡须、鬓毛。面部清爽、干净利落的男士，在跨境商务场合中，更容易获得别人的好感。男士剃须刀有电动剃须刀、刀片可以选择，电动剃须刀使用比较方便，刀片刮得比较彻底，请根据自己的喜好进行选择。

三是润肤。不要以为护肤是女性的专利，其实男士也需要保养。当然男士的保养没有女士那么复杂，在清洁皮肤、修面之后，选择适合自己肤质的润肤产品滋润皮肤即可。涂抹润肤用品时，先从面颊开始往外涂抹，再涂抹面部的其他区域。涂抹时动作也要轻柔，不要用力过猛。

2. 发型

跨境商务男士的发型有多种选择，但总体要呈现的是稳重、大方、清爽的形象。我们总结了一下跨境商务界男士发型的一般要求：头发前不覆额，侧不掩耳，后不及领。不管梳什么发型，只要呈现的是满足这三点要求的，且干净和整齐，就可以给人留下较好的印象。

3. 男士仪容礼仪行为规范

男士仪容礼仪行为规范大体与女士相同，着重强调早晚勤用洗面奶洗脸，保持面容的清洁；勤刮胡须，也不要忘记将外露的鼻毛和耳毛用专用的剪子修剪掉。如果眉毛过于浓密、杂乱或延伸得太长，也可以考虑修剪一下。

三、职业妆打造礼仪

容貌在很大程度上取决于先天遗传因素，但后天的修饰、美化行为也十分重要。特别是在职场，一个人得体的妆容不仅可以提升自信，也会给别人留下良好的印象，更会为你的工作能力加分。

（一）职业妆的重要性

1. 好气色呈现好状态

忙乱的工作，容易导致一个人气色变差、面色气血不足，容易显得病态，这就需要用化妆来修饰。你的老板和客户会为你的工作业绩埋单，但不会为你的坏脸色埋单。所以无论你有多忙，请一定要重视对自己职业形象的塑造。

2. 美化心情

女性的情绪是很容易被自己的妆容改善的，不论那天心情有多糟糕，只要在镜子中可以欣赏到容颜精致的自己，坏的情绪便很容易消失。有关研究表明，在化妆之后，女性们大都会感到身心愉悦。每次尝试新的妆容，或使用新的色彩，你都会发现自己原来可以有这么多不同的面貌，新形象可以帮你找回自信，心情豁然开朗。

3. 助力职务升迁

一个企业的女性高管，不仅在业务能力上出色，往往在形象和气质上也是极其出众的。现如今，越来越多的女性高管人员都非常善于把优雅的女性特征融入自己的整体职场形象，包括化一个精致的妆容。

4. 力争良好第一印象

作为跨境商务人士，与客户特别是外国客户的交往是常有的工作，我们如何让第一次见面的客户将眼光停留在自己的脸上 5 秒钟，进而让对方产生去了解你内心的兴趣？这是一个"以貌取人"的时代，得体的妆容，是收集注意力的聚光镜，能帮助跨境商务人士赢得最大化的"第一印象"。

5. 男士也要"妆"

不仅女士要懂得化好职业妆，懂得形象塑造，男士也要懂得面容干净、头发整齐清爽，可以使他在职场上信心百倍、游刃有余。

（二）面部比例分析

我们经常会用五官端正来评价一个人的长相。五官端正说的就是一个人五官在脸部的比例完美、布局合理。研究脸部美学的人根据以往脸部的研究划分了黄金分割线，也就是脸部的黄金比例"三庭五眼"。人的五官不管长得怎么样，只要在这比例范围内，就能使人的视觉产生一种愉悦的平衡感，会让人感觉较美。

1. 五官的标准比例

所谓"三庭"是指上庭、中庭和下庭。

上庭：从人发际线到眉弓骨连线之间的距离；中庭：从眉弓骨到鼻头底端

之间的距离；下庭：从鼻头底端到下颚（下巴尖）的距离。

理想的比例是上庭：中庭：下庭=1：1：1，即三者长度相等。

所谓"五眼"是指：左太阳穴处发际至左眼眼尾；左眼；左眼内眼角至右眼内眼角；右眼；右眼眼尾至右太阳穴处发际这五者长度相等，即从左太阳穴处发际到右太阳穴处发际之间的横向连线长度正好是五只眼睛的长度，并且均匀分布，如图1-1所示。如果两眼之间的距离小于一只眼睛，会给人紧张、阴沉的感觉；而大于一只眼的距离，则会给人缺少灵气的感觉。

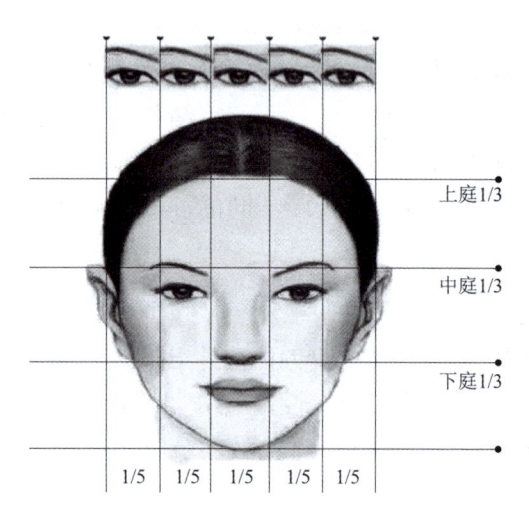

图1-1 "三庭五眼"示例图

2. 标准的五官位置

眉毛的标准位置在额头发际线至鼻底中分线上，眉头和内眼角在同一垂直线上，眉峰在整个眉毛从眉头到眉尾的三分之二处，眉尾在鼻翼与眼尾的延长线上，眉尾应平齐或略高于眉头的水平线。

眼的标准位置应在额头发际线和嘴角水平线连接线的二分之一处，两眼之间的距离等于一只眼的宽度，眼尾应略高于内眼角的水平线。

鼻子在脸部的正中部位，也就是中庭位置，鼻翼部位的宽度应等于一只眼的宽度。

唇在下庭的中央部位，下唇底线应在鼻底至下颚底线的平分线处；唇的宽度应在两眼瞳孔内侧的下垂线稍内侧。

3. 侧面的轮廓

标准的侧面轮廓是鼻尖、上唇和下巴均在同一条延长线上。

（三）脸型的种类与特征

1. 鹅蛋脸

鹅蛋脸也叫标准脸型，其特征是整体脸部宽度适中，从额部面颊到下巴的线条修长秀气，脸型如倒置的鹅蛋。鹅蛋脸被认为是最标准也是最理想的脸型，一般化妆师在修容时，都会将客人的脸型朝鹅蛋脸的标准来修饰。

2. 圆形脸

圆形脸也叫 O 型脸，特点是从正面看，脸颊圆润，脸型较短，额骨、颧骨、下颚及下颌骨转折缓慢，外轮廓从整体上看近似圆形。圆形脸的人往往给人以活泼、可爱的形象，看上去会比实际年龄小。

3. 田字脸

田字脸也叫方形脸，特点是脸型线条较直，脸的宽度与长度近似，前额与下颚宽而方，角度转折明显。方形脸给人一种坚毅、刚强、堂堂正正的印象。

4. 由字脸

由字脸也叫正三角形脸，这种脸型额头窄、两腮宽，角度转折明显，下颚与下颌角平行，整体脸型成梨形。多见于较胖人士和年过四十的人，也有些人是天生腮部比较宽大。由字脸常给人威严、稳重的印象。

5. 申字脸

申字脸即菱形脸，最明显的特征是额角偏窄，下巴过尖，而颧骨较高，两腮消瘦，一般面部比较有立体感，脸上无赘肉，显得机智、敏锐，给人以冷漠、清高的印象。

6. 甲字脸

甲字脸和由字脸特征基本相反，也叫倒三角形脸。这样的脸型前额较宽，下颚线呈瘦削状，下巴既窄又尖，是现代女性所追求的一种完美脸型。

7. 长形脸

长形脸，有些人会用马脸来形容其特征，这种脸型宽度较窄，两颊消瘦而长，面部肌肉不够丰满，三庭过长。

虽然我们认识了这么多的脸型，但在实际生活中我们会发现，我们很难将一个人的脸型以一个单独的特征来形容，通常是两种脸型的混合，因此想要将一个人的脸型硬归于某种类型不太科学。所以在观察脸型时，可先根据脸部标准形态美的比例进行分析，再配合脸部轮廓的特征来设计妆面。

（四）职业妆化妆步骤

跨境商务人士的妆容要求清新、淡雅，即淡妆。我们可以根据以下步骤打造大方的妆容。

1. 调整肤色

在基本保养之后、上粉底之前，先用隔离霜修正肤色，不仅可以增加肌肤的明亮度，减少底妆的厚重感，还具有矫正肤色和改变肌肤质感的作用。在调整肤色时，可以根据皮肤实际情况，在眼周、嘴周、鼻周等区域加强修饰，以达到肌肤整体肤色均匀的效果。

2. 遮瑕

不是所有人的肌肤都能一次性达到完美的状态，借助遮瑕产品可以弥补一些皮肤的缺陷，为打造通透的底妆做好基础。针对脸上的斑点、痘痘、色素、暗沉的肌肤以及黑眼圈、眼袋重的情况，可以借助遮瑕产品来进行遮盖。

3. 粉底

完成前面的步骤后，便开始使用粉底进行修饰。

步骤一：挤1角硬币大小的粉底在手背上，用无名指将粉底从面颊内侧逐渐向外侧点开，使粉底较均匀地点在整张脸上。

步骤二：将专用化妆棉用水打湿后，拧干水分，把点开在脸上的粉底采用按压手法涂抹均匀，最好遵循从内到外、从上至下的原则。如果希望自己的脸部打完粉底后看上去更具有立体感，可以准备一瓶比自己肤色暗一个色号的粉底和一瓶比自己肤色亮一个色号的粉底。根据自己面部的结构，在希望立体感强一些的部位比如鼻周、颧骨周围使用亮一些的粉底，在希望让自己脸部"收缩变小"的部位如后侧两颊与下颚连接处使用暗一些的粉底。两者之间的过渡衔接要自然，不能有明显的分界线。同时，不能忘记颈部也要带过。底妆修饰如图1-2所示。

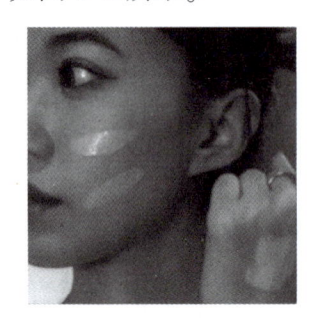

图1-2 底妆修饰

4. 修容

修容的目的主要是在底妆的基础上进行细节的调整。对于日常商务职业妆，我们只需要做到有妆感即可。修容的产品有提亮、高光及侧影的区分。我们在脸上定义了一个"CCTV"区，即两颊区为两个C字区，额头和鼻子的区域为T字区，下巴区域为V字区，这几个区域容易打造立体的妆感，适合大面积提亮。而在发际线、下颚线位置打侧影，能达到修饰脸型的效果。

5. 定妆

涂抹完粉底并修容后，可以进行定妆。使用化妆刷蘸取适量散粉后轻扫整个面部，或使用定妆喷雾均匀喷在整个面部。此时定妆的意义在于，一是保持底妆的完整性；二是粉底类产品属于膏状产品，接下来要使用的修容、眼妆等产品大多为粉状产品，两种不同性状的产品中间最好有个隔断层，以免影响相应化妆刷的使用效果以及化妆效果。

6. 眉毛修饰

人们经常用一些形容眉毛的成语来表达心情，比如喜上眉梢、眉开眼笑、眉头紧锁等，可见眉毛不仅起着使整个面部结构完整的作用，还是传递情绪的重要媒介。因此，认真对待自己的眉毛，学会画适合自己的眉形是每一位商务女士的必修课。

跨境商务人士可以根据自己的脸型大致确定自己的眉形，比如长形脸适合平粗眉，圆形脸适合微挑眉，鹅蛋脸可以用标准眉，菱形脸适合小挑眉等。

步骤一：修眉。其实每个人都自带基础眉形，对非专业人士来说，先根据自己的基础眉形，利用修眉刀将主眉形周边多余的杂毛刮掉，然后用眉剪修剪眉毛，可以顺着眉形修剪每根眉毛的长度，这样可以使眉毛显得更加整齐。

步骤二：画眉。画眉需要一定的技巧，也是众多女性认为的化妆过程中的难点。在画眉之前，我们可以先确定眉头、眉峰、眉尾的位置。

眉头：在内眼角与鼻翼延长线的位置。

眉峰：眼睛正视前方，眼球外侧与外眼角连线中间二分之一处。

眉尾：嘴角与外眼角延长线，高度一般在耳朵上侧与脸的连接点。

确定好三个点位置后，可以选择适合自己发色、肤色的眉笔顺着眉毛生长方向一根一根地描画。这里要注意的是，画眉需要遵循眉头虚、眉腰浓、眉尾淡的原则，画完后眉毛会有一个色阶的呈现，即眉头到眉腰部位、眉峰与眉尾部位的色调衔接自然顺畅。同时还要遵循上虚下实的原则，让最后画完的眉毛呈现出自然的形态，避免将眉毛画成两条趴在额头上的"毛毛虫"。

步骤三：用眉刷刷眉，使其看上去柔和自然。眉毛的修饰如图1-3所示。

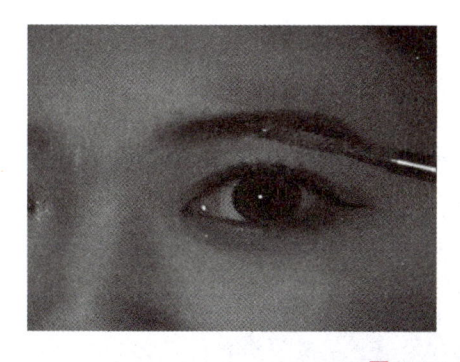

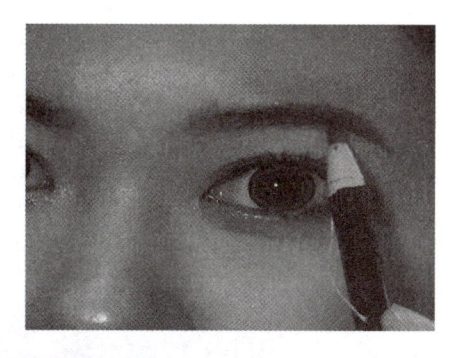

图1-3　眉毛的修饰

7. 眼妆

对跨境商务人士化职业妆而言，我们一直强调的是淡雅的妆容，因此在职业妆里，不需要过度强调眼妆。但为了让我们的妆容更精致，也为了使商务人士呈现更精神的状态，可以对眼睛稍加修饰。我们可以运用眼影、眼线或睫毛膏以及粘贴的假睫毛等来重塑、修饰眼型，打造深邃的明眸风采。此时的眼妆，在色彩的选择上最好选择大地色系的，比较容易呈现自然、气质、优雅、高贵、稳重的妆容。

（1）画眼线。眼线可以改变眼睛轮廓的形状及长度，具有很强的修饰效果。

步骤一：画内眼线。内眼线是基础的隐形眼线，眼睛向下看，一只手把眼皮翻起来，另一只手拿笔，在睫毛根部下笔。画的时候眼睛容易痒，要坚持住别眨眼睛，拿笔的手也要稳，防止眼线花掉。

步骤二：画外眼线。外眼线画在睫毛的外缘，具有放大眼睛与改善眼型的效果。如果想让短圆的眼睛变得细长，可以加粗眼头、眼尾的线条；想让细长的眼睛变大变圆，可以在眼睛中段加粗。描画内外眼线如图1-4所示。

图1-4　描画内外眼线

（2）抹眼影。在眼睑上使用眼影的目的是增加眼睛的立体感，使眼睛看上去更大、更亮。跨境商务人士在眼影色彩选择上遵循自然、大方、端庄、柔和的原则，一般选用大地色系为佳。涂抹的方法是少量多次地蘸取眼影，慢慢增加色彩的浓度。眼影修饰如图1-5所示。

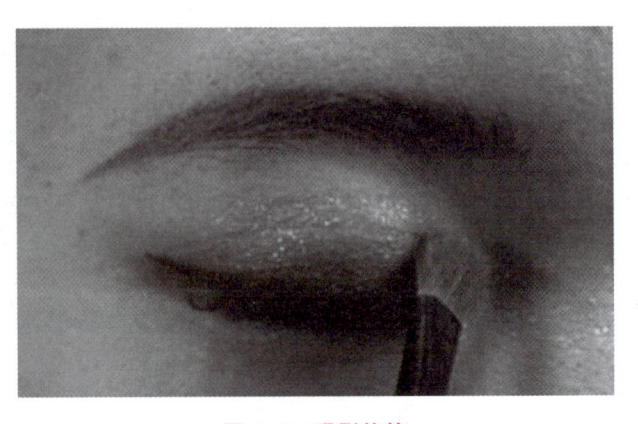

图1-5　眼影修饰

（3）刷睫毛膏。使用睫毛膏可以使眼睛看上去大而灵动，也是比较容易操作的一步。

步骤一：夹睫毛夹。使用睫毛夹将睫毛夹翘，让睫毛呈现放射状的角度为最美。

步骤二：刷睫毛膏。睫毛膏主要有浓密和纤长两种基本类型，如何挑选则要根据自己的需求来选择。使用方法是，刷上睫毛时视线向下，刷头横拿，从上睫毛根部开始，采用放射状方式往外层刷，增加睫毛浓度。刷下睫毛时视线向上，手法不变。刷完后呈现的睫毛浓而密，且根根分明，十分好看。刷睫毛膏如图 1-6 所示。

图 1-6　刷睫毛膏

8. 腮红

腮红可以让人的气色看上去更好、更有精神状态，因此一般是职业妆不可或缺的一个步骤。腮红的涂抹也要遵循少量多次、适量轻扫的原则。如果不想分析自己的脸型，不想使用腮红修饰自己的脸廓形状，跨境商务人士可以采用最保守的方法，用腮红刷蘸取适量的腮红后，对着镜子微笑，找到笑肌最高处，由内向外开始扫。腮红的修饰如图 1-7 所示。

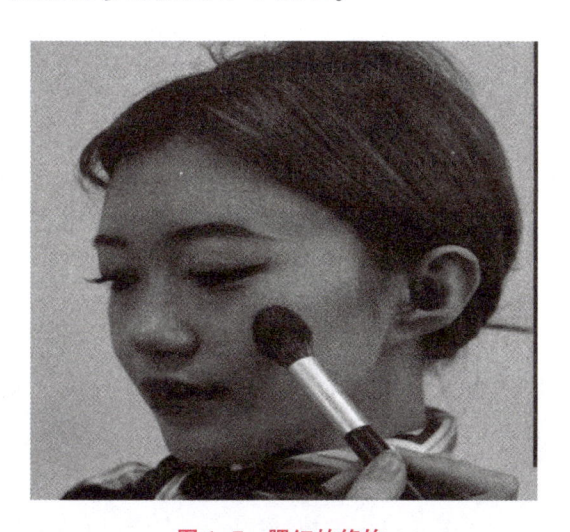

图 1-7　腮红的修饰

9. 唇妆

唇妆在整个职业妆容中，起到的是画龙点睛的作用。一个妆面其他都化得十分精致，最后如果缺少唇妆，那整个妆面的效果会打一半的折扣，因此选好唇妆的颜色，化好唇妆十分重要。化唇妆时，注意口红不要超出唇线外缘，嘴唇中间可以涂得饱满些，使嘴唇显得更加丰满。唇妆如图1-8所示。

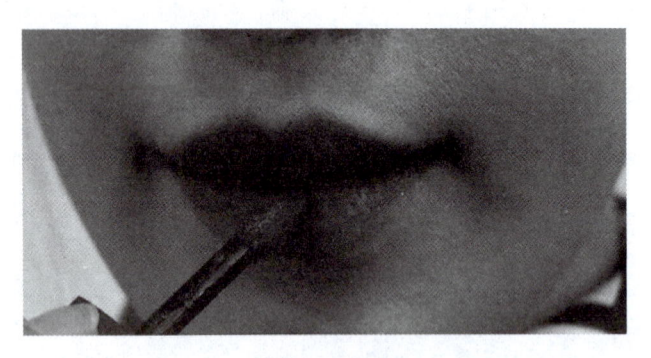

图1-8　唇妆

【案例】

小张是一家外贸公司的业务员，口头表达能力不错，对公司的业务流程很熟悉，对公司的产品和服务的介绍也很得体，给人感觉朴实又勤快，在业务人员中学历又是最高的，可是她的业绩却总是上不去。

小张自己非常着急，却不知道问题出在哪里。小张从小有着大大咧咧的性格，不修边幅，职场中总是披头散发，而且头发经常是油腻腻地"趴"在头皮上，双手指甲长长的也不修剪，从来不爱化妆修饰一下自己。因生活习惯，她喜欢吃大饼卷大葱，吃完后却不知道去除异味。小张的大大咧咧能被生活中的朋友所包容，但在工作中却常常过不了与客户接洽的第一关。其实小张的这种形象在与客户接触的第一时间就已经给对方留下不好的印象，让人觉得她是一个对工作很不认真、没有责任感的人，很难有机会和客户进一步地交往，更不用说成功地承接业务了。

（资料来源：结合网络资料整理）

从案例中我们可以尝试思考这样几个问题：

1. 作为一名跨境商务人士，在工作中个人的形象仅仅代表了个人吗？
2. 业务能力和个人形象孰轻孰重？

点评：

1. 作为一名跨境商务人士，在工作中个人的形象仅仅代表了个人吗？

跨境商务人士的个人形象对于展现自身良好工作态度、增添自信、获取他人尊重乃至于塑造良好的企业形象都有着至关重要的作用。作为一名跨境商务人士，在与客户面谈或参加一些外贸活动时，除了产品，你自己也在被审视、被展览。你的一举一动、穿着打扮都会在短短3~7秒之内给客户留下第一印象，这便是你的形象在说话。因此，工作中个人的形象不仅仅代表个人，更多时候代表着所在的企业、团体或组织。

2. 业务能力和形象孰轻孰重？

两者同样重要。人都是视觉动物，与客户初次见面，往往都是凭个人形象来认识一个人。两个同样有能力的人，客户往往会选择形象相对好的那个进行下一步的合作。从案例中我们也能总结出来，形象并非单纯指一个人的长相，还包括个人气质、穿着打扮、言谈举止和内在等方面，所以一个长相不出众的人，只要好好利用一些条件，将自己的气质发挥到最佳状态，再加上自己的超强专业能力，也可以获得好的业绩。

【知识拓展】

一、皮肤的类型与特征

不同的人，肤质不同，同一个人不同部位的肤质也有差异，这是由遗传决定的。不同的肤质，护肤方法不同，因此想要更好地护理皮肤，先要了解自己皮肤的性质。

皮肤通常分为以下5种类型：

1. 干性皮肤

干性皮肤特点是皮肤较薄，毛孔细小，皮脂、水分少，干燥紧绷感强烈。皮肤表面几乎不泛油光，不易生痤疮，不易脱妆。但缺乏光泽度，对外界刺激较敏感，容易出现细纹、雀斑。

形成原因：皮脂腺、汗腺功能退化；不喜食脂肪类食物、缺乏维生素A等；化妆品使用不当等。

护肤要点：分清楚是缺水性还是缺油脂性干皮，分别注重保湿和补充养分。增强皮肤抵抗力，选择具有镇静、舒缓、润滑、保湿等有效成分的护肤品。

2. 油性皮肤

油性皮肤特点是外油内干，皮脂分泌很多的油脂，使皮肤看上去粗厚、润滑、油亮，且皮肤有弹性不易起皱。油性皮肤季节适应性强，但毛孔粗大，容易生粉刺、痤疮等，肤色深、有油质感，易脱妆。一般多见于青年人、中年人、肥胖者。

形成原因：喜食油脂性、刺激性食物；雄性激素水平过高；缺乏维生素B；

青春期皮脂活动旺盛等。

护肤要点：特别注意保持皮肤的清洁与毛孔的通畅，加强保湿补水，配合清淡饮食，控制油脂分泌。

3. 中性皮肤

中性皮肤是人们最喜欢的皮肤类型，属于健康型皮肤。特点是皮肤薄厚适中，油脂分泌平衡，皮肤柔软、细腻、有光泽，无太油腻部位。肤色红润、均匀，不易起皱，不易脱妆。但会随着年龄、季节发生变化，容易产生干性皮肤。多见于青春少女。

护肤要点：视季节的不同而进行正确的保养，如春天注意预防过敏与防晒；夏天注意防晒与收敛肌肤；秋天注意为皮肤补充营养；冬天注意保持皮肤湿润。

4. 混合性皮肤

混合性皮肤是油性、干性混合的皮肤，最大特点是T形区（前额、鼻周、下颚的区域）呈油性，而眼周、两颊及颈部呈干性、中性。

护肤要点：保持均衡的饮食，注重防晒，针对不同区域要分区护理。

5. 敏感性皮肤

敏感性皮肤的特点是皮肤细腻、白皙、皮脂少，皮肤偏薄较干燥，毛细血管明显，对化妆品的品质要求极高。容易出现过敏，导致红、肿、痒等现象。

护肤要点：严格注重防晒，日常生活尽量少化妆或者不化妆；选择温和的护肤品，且不要频繁更换品牌；避免吃刺激性、易过敏的食物。

二、香水使用小技巧

香水是众多女士特别爱使用的化妆品之一，适当地喷洒味道合适的香水可以让人觉得清新、舒适，也是女性优雅、尊贵品质的一种体现。使用香水也有一些小技巧，掌握之后可以让爱美的跨境商务女士恰当地体现其个性与品位。

第一种方法：把香水洒在空中，然后走在"香水雨"里慢慢地转一圈，让香水均匀地洒在身体的周围。

第二种方法：把香水喷于手部脉搏处或者涂抹于耳后，随着脉搏的跳动，淡淡的香味就会释放出来。

第三种方法：香水喷于梳子上，轻轻地梳理头发，在聊天时随着头部的自然摆动，若有若无的香味便会慢慢呈现。

第四种方法：参加宴会时，为了防止身上香水的味道遮盖饭菜的香气，一定要把香水喷洒在桌面以下的部位，膝盖窝就是最佳选择。

这四种方法你学会了吗？

（资料来源：结合网络资料整理）

单元二　服饰礼仪

服饰礼仪是狭义的仪表礼仪。在现代社会，服饰礼仪于企业而言代表的是一种企业管理文化和组织形象，体现企业的专业实力；于个人而言是一个人身份、形象、气质的外在体现，呈现的是一个人的内在素养。因此对个人形象而言，着装有着十分重要的地位，每一位跨境商务人士都应该重视并认真对待。

跨境商务人士在一些重要的商务仪式场合需要穿着正装，这是商务交往对象对我们职业形象以及职业能力的第一判断依据，并对我们后续的合作与工作产生正向积极的作用。本单元所讲的服饰礼仪，主要是探究如何塑造职业化形象，将围绕职业装、商务装来展开陈述。

一、着装的 TPO 原则

着装的 TPO 原则是世界通行的穿着打扮原则，具有较强的普适性。在职场着装中，遵守 TPO 原则可以展现出个人形象的职业感、专业感、时代感等。

TPO 原则是指人们的穿着打扮要符合 Time（时间）、Place（地点）、Occasion（场合）三个因素，并表示对交往对象的尊重。

（一）符合时间因素

时间因素包括三层含义：一是每日根据早中晚的时间段，要穿适宜的晨装、日装和晚装；二是合乎季节，根据春夏秋冬的季节变化选择合适的着装，不可冬衣夏穿或者夏衣冬穿；三是要根据时代的变化，让穿着富有时代特色，顺应时代的潮流，既不泥古不化，也不过于时尚超前。

（二）符合地点因素

地点是指工作地点、活动场所以及所处的地区、国家等。不同的地点需要穿着与之相协调的服装，比如工作岗位上应该穿着职业装、企业统一的工装；跨境商务场所应该穿着比较正式的庄重的服装；去不同的国家或地区也要尊重当地的生活习俗，搭配与之适应、相协调的服饰。

（三）符合场合因素

符合场合因素是指在工作、休闲、社交等不同场合应穿不同的服饰。比如应聘时，可以穿素雅的服装，显得比较稳重，增加可信度；上班期间，着装应遵循端庄、稳重、整洁、和谐的原则，带给别人专业和庄重感；在签字仪式、剪彩仪式等正式社交场合，着装宜庄重大方，专业严谨，不宜浮华；参加晚宴或庆典时着装可以隆重、典雅等。

TPO原则是人们约定俗成的具有普适性的着装规范，具有深厚的人文意义和社会基础。只有穿着得体，才能真正体现出一个人的修养，才能从内心表达出对交往对象的尊重，这也是职场形象礼仪的基本要求。

二、职业服饰的五要素

人们为了区分或者提高一些职业的辨识度，往往给不同的职业、特定身份的人群都搭配了特定的符合其职业、身份的服装，并得到社会的广泛认可。比如身着白大褂的医生让人联想到救死扶伤；穿着军绿色特定制服的警察总是会让人敬仰；西装革履的商务人士带给人精神抖擞、专业精干的印象。

可见服装不仅能够标明社会地位，还能够标明社会职业。要想充分表达对交往对象的尊重，跨境商务人士必须重视自身服装的"品质"，通过服装等外表形象向客户传达自身的专业和品质。举个例子，当你面对自己的客户时，穿着一丝不苟的职业装，可以清楚地表明你是从容且自信的，也表明了你认为对方对你的重要程度。要想抓住订单，首先要通过外在的形象抓住对方的眼球。试想，一个总是穿着皱巴巴衬衣的人，顾客会放心将大额订单交给他吗？这样的人士一定会为他糟糕形象下隐藏的做事不够专业、不够用心等缺陷埋单。

为了打造有"品质"的职业形象，各行各业的服饰都需要具有优良的品质，我们可以从服饰的五要素来打造职业装服饰礼仪。

（一）职业装的面料

面料，是指由同种或不同种的纤维纺织或编织而成的织物。我们熟知的一般有羊毛、亚麻、棉类、真丝等纯天然的纤维，也有人工合成的如涤纶、锦纶等合成纤维，还有由两者合成的混纺面料。

在职场里，跨境商务人士的服饰总体偏向于商务正装和商务休闲装两大类。正装是跨境商务人士出席会议、商务会谈、典礼仪式等重要工作场合时所穿着的一种服饰，呈现给人的感受是正式、严谨、权威。专业、负责、稳重、信赖、认真的感觉是跨境商务人士在日常上班等半正式场合所穿服装的呈现之感，正式程度介于正装和休闲装之间。在这些半正式场合当中，穿正装会显得过于拘谨，穿休闲装又会显得过于懒散，有损跨境商务人士的职业形象，而介于两者之间的商务休闲装，则是最适宜的选择。

上述两类服装都比较适合选择质地挺括的、纯羊毛、棉质或者羊毛含量高于80%的棉毛混纺面料。而一些雪纺的、涤纶的面料并不适合商务正装或者休闲装。

（二）职业装的款式

我们可以从商务正装与商务休闲装两种类型来分析服装的款式。

关于正装，首先必须是长袖，且穿在身上要合身。裤腰或裙腰与上衣腰部之间为半拳的宽松度为宜，上衣的衣长以抬起手臂不露出裙腰，垂下手臂不超过后臀线为基准。

标准的女士正装，款式为单排扣或双排扣的西装套裙；标准的男士正装，款式为两件套或三件套的西服套装。正装除了要成套，还要注意并不是所有的西服领型都可以在正装中出现。女士的正装款式有三种领型，平驳领、戗驳领和青果领；男士正装包含平驳领和戗驳领两种领型，不包含青果领，因为青果领的男士西装属于礼服的款式。正装的三种领型如图1-9所示。

Notched lapel 平驳领　　Peak lapel 戗驳领　　Shawl lapel 青果领

图1-9　正装的三种领型

正装肩部的细节设计不能太时尚，要简洁，不能有夸张的设计和装饰，像花边、泡泡袖、宽肩等都不符合正装的规范。

跨境商务场合中女士所穿着的正装裙子为西服裙型，裙子的长度，最短不能超过膝盖上沿5厘米，最长不能超过膝盖下沿5厘米。男士正装裤长的量化标准应是能够盖住脚踝，不能过短。

关于商务休闲装，女士可以是单件西装外套与短裙、连衣裙、长裤的自由组合。西服外套领型可以适度地变化，袖子的长度可以略短，但不能短过七分袖。短裙与西服裙为基本款，只能在细节上略有变化。短裙不能短于膝盖以上5厘米。连衣裙以西服连衣裙为基本款，领型可以略有变化，领口不能过大，不能穿无袖及露肩连衣裙。长裤以西裤款式为基本款，只能在细节上略有变化，裤长以裤脚盖住脚踝为标准。

男士商务休闲装，可以是单件西装外套与裤装的自由组合，长裤以西裤款式为主，裤长以裤脚盖住脚踝为标准，可穿纯棉卡其裤，不可穿宽松裤、萝卜裤。

（三）职业装的颜色

服装因色彩而变得生动，但在职业装中，色彩的选择是有明确的量化标准的。

女士正装可以选择黑色、深蓝色、深灰色，超出这个颜色范围的色彩均不可视作为正装的颜色。男士正装只可以选择深蓝色和深灰色，且不能选择黑色，这是因为黑色在男士西式服装中属于礼服的传统用色，因此男士商务正装是没有黑色的。不论男士还是女士的正装，都选择了深沉单一的色彩，这样更能够显示出正式、严谨、权威以及专业的感觉。

跨境商务人士在日常上班穿着的商务休闲装可以用低纯度的颜色作为主色。纯度又叫彩度，是指色彩饱和的程度，或是色彩的纯净度。拿正红来说，有鲜艳无杂质的纯红，比如玫瑰花的深红色，也有较淡薄的粉红，它们的色相都是红色，但纯度不同。纯度越高，颜色越艳；纯度越低，颜色越涩、越浊。

因此，低纯度的色彩给人以谦逊、宽容、成熟的感觉，易于营造沉静和谐的气氛。办公室通常空间比较有限，低纯度色彩的衣服可以减少拥挤感，而且易于搭配、利用率比较高。比如灰色、蓝色、土色是男士商务服饰很好的颜色选择，而茶色、米色、驼色、朱色、洋红色、蓝色是比较适合女士的。

（四）职业装的图案

关于正装的图案规范，一般认为无图案或者是不明显的暗细条纹是正装可以选择的图案，其中以无明显图案为佳。

商务休闲装图案的禁忌：不要选择过于时尚的图案，如豹纹图案；不要选择比较幼稚的图案，如卡通图案；不要选择比较粗放的图案，如大格子宽条纹图案。

（五）职业装的配饰

服装的配饰是除主体服装之外的配件，在服装中起到画龙点睛的作用。在职业装的穿着中，并不是所有的配饰都可以用于正装的搭配。与正装相适宜的配饰量感要小巧，数量不宜超过三件，最好能同色、同款，款式简洁大方，避免使用豪华、夸张、摇曳、发出响声或是妨碍工作的首饰。

女士的配饰主要包含了眼镜、丝巾、手表、手提包、皮鞋、小量感首饰如耳钉等。与正装搭配的眼镜以金属边为最佳，眼镜的颜色与皮肤及服装的颜色相协调，镜框大小适宜。要特别强调的一点是，在正式的场合不能佩戴彩色的隐形眼镜。女士的鞋子鞋跟应该在3～5厘米为宜，材质只能选择羊皮或牛皮，不能选择比较亮的漆皮或磨砂皮。

男士的配饰主要包含手表、领带、腰带、皮鞋、公文包等。领带最好为100%真丝面料，而且是单色的，与西装的颜色相协调。男士着正装必须要系腰带，腰带的风格应选择简洁的版型，腰带扣上不带明显的标志。袜子需选择袜筒比较高的黑色或者深蓝色的棉质袜，在坐下时同样不可露出袜口，同时搭配黑色的制式皮鞋，材质以羊皮或牛皮为主。

三、男士西装穿着规范

西装是国际上最流行的商务场合正统服装，广受跨境商务人士的喜爱，很重要的原因是它拥有深厚的文化内涵。人们往往认为绅士都喜爱穿高品质的西装，这样会显得有涵养、有风度、有权威感。

要想在商务场合中穿着得体，不仅要知道西装的组成，还得懂得西装的穿着规范。一套完整的西装包括上衣、衬衫、领带、西裤、腰带、袜子和皮鞋。

（一）西装穿着的原则

1. "三一定律"原则

穿着西装时首先要注意西装的"三一定律"，即西装色彩的搭配要尽量满足腰带、鞋子和公文包色彩统一或者接近的原则。如果佩戴金属表带的手表，金属表带的颜色应该和眼镜框、皮带扣的颜色一致；如果佩戴的是真皮表带的手表，则表带的颜色和皮带、皮鞋、公文包一致，以达到整体协调的视觉感。

此外，"三一定律"还强调服饰材质的统一。在西装规范中，要求腰带、鞋子、公文包的材质要用以牛皮和羊皮为主的真皮作为主要材料，且三者材质最好统一。

2. 三色原则

西装及其所有配饰，包括衬衫、领带、鞋袜等，其颜色不超过三种，且主色调大致保持一致。

（二）西装的穿着

1. 常备的西装款式

西装有两件套、三件套之分。两件套西装包括上衣和西裤，三件套则包括上衣、马甲和西裤。在正式场合应该选择纯羊毛面料的、同色同质的高档西装套装。要注意的是，两件套西装在正式场合不能脱下外衣。人们普遍认为三件套西装会比两件套西装显得更加正式，因此，三件套西装也被定义为最经典的商务套装，男士在参加层次比较高的商务活动时，以穿三件套西装为最佳选择。

2. 西装扣子的系法

西装上衣有单排扣、双排扣两种类型。单排扣又有一粒扣、两粒扣、三粒扣三种。穿一粒扣上衣，纽扣必须系上；穿单排两粒扣的西装上衣时，只系上边第一粒纽扣；穿单排三粒扣的西装时，可以只系中间一粒或者系上面两粒，但不能全系。双排扣的西装上衣，常见的有两粒扣、四粒扣和六粒扣三种，此款上衣所有扣子都要系好。这里要特别提醒的是，当男士穿单排扣西装参加商务场合，就座时需要将扣子全部解开，同时还要拎下裤子以防止西装变皱，这是因为西装的面料一般为比较高级的纯羊毛面料，羊毛比较容易皱，需要精心呵护。

3. 西装的尺寸

西装上衣的长度以刚好遮住臀部下缘或者到手自然下垂时大拇指尖端的位置为标准长度，肩宽以探出肩角两厘米左右为宜，袖长到手掌虎口处。胸围以在系上纽扣后，衣服与腹部之间可以容下一个拳头大小的围度为宜。西裤的线条要清晰笔直，裤脚前面盖住鞋面中央，后面到鞋跟的中央。

4. 西装的正确穿搭

穿着西装时，衬衫内不再添加贴身的衣物，衬衫外不再穿羊毛衫，否则就容易使穿着西装时的整体形象看起来臃肿，失去质感，破坏西装的线条美。冬天出席商务活动时，可以在西装外面搭配面料挺括的、品质感强的合身大衣。

（三）衬衫的穿着

1. 正确挑选衬衫

（1）面料。

正式西装的唯一规范内搭是长袖衬衫，面料以高支精纺的纯毛、纯棉制品为佳，其次为棉毛混纺的成品。不宜选择以涤纶、化纤为材料制作的衬衫，真丝、纯麻做成的衬衫也不适合搭配正装。

（2）色彩。

搭配正装的衬衫色彩以白色或淡蓝为主要色系，且必须是单一色彩。一般在正式商务活动中，建议主要穿搭白色衬衫，蓝色、灰色、墨绿色有时也可以适当考虑，但是花色、红色、粉色、紫色等穿起来比较张扬的衬衫不允许出现在正式西装的搭配中。

（3）图案。

衬衫的图案要根据西装的色系来定，如果西装是纯色的，则衬衫可以带有简单的条纹或图案；如果西装本身带有简单的图案或条纹，应搭配纯色的衬衫。印花衬衫、格子衬衫以及印有各种人物、动物等图案的衬衫都是非正式衬衫，不能搭配正装使用。

（4）衣领。

衬衫领子要挺括，领子的大小以可以塞进一个手指的松量为宜。领口太大容易给人带来羸弱感。在选择衣领时可以与个人的脸型、脖子的长短相结合挑选。

（5）衣袖。

正装衬衫首先必须是长袖，衬衫袖子的长度要长于西装上衣袖口1~2厘米，这既能体现出着装的层次，又能保持西装袖口的清洁。

2. 衬衫的穿着

（1）当衬衫搭配领带穿着时，须将领口纽、袖口纽和袖叉纽全部扣上，以显示男性的严谨和力量感。相反，不打领带时，衬衣第一个扣子要解开，其余的纽扣要全部扣上，以体现男士的素养。

（2）衬衫下摆要塞进裤腰内，显得精神抖擞、充满自信。

（3）男士要避免穿太旧或起球的衬衣，特别是要面见客户时。在自己办公室时可以脱掉西装上衣，直接穿着长袖衬衫、打领带。但这样的穿着不适合直接面见客户，有失礼仪。

（四）领带的佩戴

领带是男士西装的灵魂，是西装最重要、最经典的配饰，在正式的跨境商务场合，男士着正装必须打领带才能显得庄重和严谨。

1. 领带的选择

（1）面料。领带的材质主要分为羊毛领带、真丝领带、涤丝领带。其中羊毛和真丝领带属于中高档，是男士常选的类型。涤丝就是涤纶面料，档次较低，相对价格也比较便宜，一般也不建议佩戴。

（2）色彩。跨境商务人士佩戴灰色、蓝色、黑色、棕色、紫红色等单色领带是比较理想、安全的选择。可以根据色彩的冷暖色调进行挑选：暖色系的领带如紫红色可以带给人热情、温暖的感觉；冷色系的领带如蓝色可以带给人庄重、冷静的感觉。领带的色彩最终还要考虑搭配西装的色调，方能协调一致。

（3）图案。正装主要搭配单色无图案的领带，有些带条纹、圆点、小方格等几何图形的领带也会被采用。西装与领带的具体搭配见表1-1。

表1-1 西装与领带的搭配

西装色系	领带颜色	格调
黑色	蓝色、银灰色、红白相间	庄重大方、沉着稳重
深蓝色	蓝色、紫红色、褐色、橙黄色	淳朴、大方、高雅
深灰色	砖红色、墨绿色、黄色	个性、时尚
米白色	海蓝色、红色、褐色	光彩夺目、风度翩翩

2. 领带的佩戴

领带佩戴在衬衫与西装外套之间，如果是穿三件套的西装，则将领带佩戴在衬衫与马甲之间。标准的领带在系完结自然下垂后，下端的大箭头正好位于腰带扣的位置。领带结要系得挺括、端正，外观上呈倒三角形。

常用系领带结的方法主要有以下两种：

（1）平结。平结适用于各种面料的领带，是最常用的一种系领带的方法。这种系法的关键在于领带结下方凹陷的两边均匀且对称。步骤如下：

①将领带的宽边放右边，窄边放左边；

②将宽边放在窄边之上，形成三个区域（左、中、右）；

③将宽边从窄边之下由左翻到右；

④将宽边翻出，从右到左；

⑤将宽边翻到领带结之下，到达"中"区域；

⑥将宽边穿过前面的圈，并束紧领带结；

⑦一只手轻拉着窄边前段，另一只手把领带结移至衣领的中心。

（2）温莎结。温莎结一般适用于细窄的真丝领带，领结的形状比较宽，适用于宽领的八字口衬衫。温莎结可以靠调整褶皱来放大或缩小，剩余部分的长度也能根据实际需要随意掌控，是许多跨境商务人士十分喜爱的领结。温莎结还被称为"浪漫结"，因它领结形状匀称、领带线条顺直优美，常给人留下整洁、严谨的良好印象。步骤如下：

①将领带的宽边放右边，窄边放左边，窄边长度为宽边长度的二分之一；

②将宽边放于窄边之上，保持窄边不动，宽边从左边拉出一个结；

③将宽边从左沿胸口绕至右边，并由外向内拉一个结，中间形成一个凹陷的倒三角形；

④将宽边包住凹陷的倒三角形后沿胸口拉出；

⑤将宽边塞进包好的倒三角形区域；

⑥调整领结的形状即可。

（五）腰带的选择

腰带的材质选择以牛皮为最佳，颜色以黑色为主。腰带扣要选择金属扣，不可太花哨，金属扣要避免有划痕，不可太旧，且要安全牢靠。切记正装不要佩戴有夸张的品牌标志的腰带，那样容易让别人对你产生一种缺乏内涵与教养的印象。

（六）西装与鞋袜的搭配

与西装搭配的鞋袜也有一定的穿着规范。它们就如同"足部的正装"，如果不遵守相关的礼仪规范，则容易给别人留下不懂规则、缺乏专业度的印象。

与西装搭配的鞋子，只能选择皮鞋，且材质以牛皮最为合适，颜色为黑色。羊皮、猪皮鞋都不是正装鞋子的首选，磨砂皮鞋、大头皮鞋或者翻皮皮鞋大都属于休闲类皮鞋，也不太适合与西装相配套。除黑色外的颜色也不属于正装皮鞋的范畴。

商务人士在正式场合穿的皮鞋应当没有任何图案、装饰，包括像打孔皮鞋、绣花皮鞋、带有文字或金属扣的皮鞋都不能算作正装皮鞋。正装皮鞋的款式比较庄重和正统，因此人们往往选择的正装皮鞋是系带皮鞋。各类无系带皮鞋，比如船型皮鞋、盖式皮鞋、拉锁皮鞋等，都不是符合要求的皮鞋。

男士正装皮鞋搭配的袜子应该是纯棉、纯毛的，禁穿尼龙袜。袜子颜色以深色、单色为宜，最好为黑色。切忌皮鞋配白袜子，也不要穿过分抢眼的彩色袜子。袜口要适当高些，以坐下来跷起腿后不露出皮肤为准。当西裤的颜色与皮鞋的颜色不一样时，袜子的颜色应该与裤子的颜色保持一致。

（七）西装与公文包

公文包被称为商务男士的"移动办公桌"，是商务男士外出必备的随身物品。公文包的材质以牛、羊皮为佳，色彩以深色、单色为主，黑色、棕色是比较常规的选择。公文包的大小以 A4 纸为参照，为长方形手提款，其他箱式、挎式、夹式公文包都不符合正装搭配的要求。

使用公文包有这样几点禁忌：一是要注意包不宜多，以一只为限；二是包的品牌标志不宜太高调，避免炫耀的嫌疑；三是包里的物品摆放整齐，且不可塞满物品。

（八）西装穿着的禁忌

1. 西装袖子上的商标要拆除

2. 衬衫不能放在西裤外面

3. 忌卷袖子和裤脚

4. 忌在西装口袋内装满东西

5. 忌在上衣装饰口袋里装除装饰巾以外的东西

6. 忌衬衫外面穿羊毛衫

四、女士商务着装

（一）女士套裙的穿着规范

在西方社会，正式的女士套装是套裙，搭配裤子的套装只是商务休闲装的其中一类。因此在商务交往的正式场合，女性着装最好为套裙，在与外商进行商务交往时尤其要注意套裙的正确穿法。

西装套裙的穿着要得体，上装与裙子的色调应该统一，颜色的选择要体现稳重、知性、优雅、成熟，因亮黑色、深蓝色、深灰色为最佳。对女士着装的要求有"三不露"：一是不露肩，在商务场合，不能穿吊带裙，也不能穿无袖的上衣；二是不露膝，即裙子不能太短，标准的长度是膝盖以下5厘米；三是不露脚趾，在商务场合，不能穿露脚趾的凉鞋。

1. 衬衫

衬衫面料要轻薄而柔软，真丝、麻纱、罗布、涤棉等可以作为衬衫的面料。色彩的选择上，既要体现女性的优雅端庄，又要适当体现女性的柔美，要以有高级感的纯色为主，如白色、灰色、黄色、墨绿等，只要不过于鲜艳，均可用作衬衫的颜色。这里还有一个重要的原则，就是衬衫的颜色与所穿套裙的颜色不相互排斥。

在图案方面，搭配套裙的衬衫选择无图案的比较合适，有些带有条纹、方格、圆点、暗花或碎花的衬衫也可以适当选择。与外套的搭配原则是外繁内简或外简内繁，以求变化有致。关于衬衫的款式，可以选择普通简洁款的，也可以选择带花边修饰的。

衬衫下摆必须掖入裙腰之内，不得拉出裙围，或者在腰间打结。衬衫纽扣要一一系好，除最上端的一粒纽扣按惯例允许不系，其他纽扣均不得随意解开，以免显得不雅。在公共场合不直接外穿衬衫，不随意在他人面前脱掉上衣，尤其是身穿紧身而透明的衬衫时，尤其应当注意。

2. 鞋

与套裙配套的鞋子应以皮鞋为宜，并以黑色的牛皮鞋为最佳。或者为了和谐，可以选择和套裙同一色彩的皮鞋。式样可以是高跟、半高跟的皮鞋。忌穿布鞋、旅游鞋、凉鞋等。

3. 袜子

通常情况下，用来和套裙配套的袜子是高筒袜和连裤袜，颜色以肉色为主。袜口要没入裙内，不可暴露于外，袜子应当完好无损。

4. 女士套裙穿着的禁忌

（1）忌穿着黑色皮裙。黑色皮裙一般被认为是时尚的服饰，商务场合不能穿黑色皮裙，尤其与欧美国家进行商务对接时，绝对不可以穿黑色皮裙。

（2）忌光腿。光腿穿套裙极为不正式，且容易暴露腿上瑕疵。在国际交往中穿套裙不穿打底袜会被认为有失庄重、体面。

（3）忌裙、鞋、袜不配套。套裙内需要搭配打底袜，只能以肉色丝袜为主，不能将健美裤、九分裤等裤装当成长袜穿，也不能露出袜口在裙外。

（4）忌三截腿。三截腿又叫"恶性分割"，是指女性在穿半截裙的时候，袜子和裙子中间露一段腿肚子，导致裙子一截、袜子一截、腿肚子一截。这种穿法会显得腿又粗又短，在国外常被视为无教养妇女的穿搭。

(二)女士饰品的搭配

1. 丝巾

丝巾是职场商务女士最喜爱的饰品,可以说是必备之物。不同款式的丝巾可以适用于不同的场合。丝巾的款式往往包含了材质、色彩、尺寸等因素,还可以采用不同的搭配来实现不同的装饰效果。丝巾往往起到的是画龙点睛的作用,款式合适的丝巾可以瞬间让原本比较庄重、沉闷的套装"活"起来,增加一些活力。

丝巾的搭配可以采用如下法则:素色衣服搭配素色丝巾,注意色系的对比或互补,打造出整体感强的效果;素色衣服搭配印花丝巾,那么丝巾上至少有一个颜色和衣服的颜色是相同的;印花衣服搭配印花丝巾,这时要体现主次之分,牢记丝巾的点缀作用,切莫让丝巾抢了套裙的"主角光环";印花衣服搭配素色丝巾时,可以选择衣服印花上的某一个颜色为丝巾的颜色,或者选择衣服上最明显的一个颜色的对比色去挑选合适的丝巾。

2. 首饰

在商务交往中,首饰的佩戴要与服装相配。搭配套裙的首饰,其总体原则是以少为佳。因此,一般在戒指的选择上只允许戴一枚婚戒,或者戴一枚款式简洁的戒指。项链的选择上也是以简单不抢眼的款式为主,且长短粗细均要按照套装及衬衫的款式做选择。女士搭配套裙也可以佩戴耳饰,但主要以耳钉为主,结合脸型、服装来选择耳钉,有些耳钉既可以增加装饰感,也可以增加女性干练的气质。

3. 手提包

手提包的质地不一定要全真皮的,但材质必须是有质感的,当然以真皮材质为最佳。手提包的颜色要与季节、服装以及参加场合的氛围相协调。在商务场合或者一些比较严肃、庄重的场合,最好使用颜色暗一些、朴素一些的,款式比较方正的手提包。

【案例】

陈明是国内一家效益很好的大型电子商务公司的总经理。经过多方努力以及上级有关部门的牵线搭桥,陈明终于使韩国一家著名的化妆品企业董事长同意与自己的公司合作。谈判时,为了给对方留下精明强干、时尚新潮的好印象,陈明上身穿一件T恤衫,下身穿一条牛仔裤,脚穿一双旅游鞋。当他精神抖擞、兴高采烈地带着秘书出现在对方面前时,对方带着惊讶的神情皱了皱眉头,上下打量了他好一会儿。最终,这次合作没能成功。

(案例来源:结合网络资料整理)

案例中陈明与韩国化妆品企业未能合作的原因是什么？

点评：

着装体现着一种社会文化，体现着一个人的文化修养和审美情趣，是一封个人身份、气质、内在素质的无言介绍信。在不同场合，穿着得体的人，会给人留下良好的印象，而穿着不当，则会损害自身的形象，给别人留下不好的印象。我们回顾一下本节的开头案例：陈明本是一名总经理，在工作场合或者在重要的商务场合中，陈明应该遵循着装的TPO原则，穿正装出席当天的谈判，给人留下专业、稳重、值得信赖的良好职业形象，为顺利达成合作推波助澜。而陈明却为了体现所谓的"时尚"，穿着一身过于休闲的服饰参加了庄严的商务谈判，导致合作以失败告终。

【知识拓展】

面试时的服饰礼仪

在求职面试过程中，服饰礼仪是不容忽视的。面试时合乎自身形象的着装会给人留下干净利落、有专业精神的印象：男生应显得干练大方，女生应显得端庄秀美。

男生应在平时就准备好一两套得体的西装，不要临到面试才匆匆去购买，那样不容易选购到合身的西装。注意选购整套的两件式的，颜色应当以主流颜色为主，如灰色或深蓝色，这样在各种场合穿着都不会失态。在价钱档次上应符合学生身份，不要盲目攀比，乱花钱买高级名牌西服。若用人单位看到求职者的衣着太过讲究，不符合其学生身份，对求职者的第一印象也会打折扣的。

衬衫以白色或浅色为主，这样比较好搭配领带和西裤。平时也应该注意选购一些较合身的衬衫，面试前应熨平整，不能给人"皱巴巴"的感觉。这里要提醒一点，面试时你所穿的西服、衬衫、裤子、皮鞋、袜子都不宜给人崭新的感觉，原因是崭新的衬衣穿上去会显得不自然，太抢眼，以至于削弱了人事主管对求职者其他方面的注意。人事主管会认为你的服饰都是匆匆凑齐的，那么你的其他材料是不是也加入了过多的人工雕琢呢？而且太多从没穿过的东西从头到脚包裹在你的身上，一定有某些地方会让你觉得别扭，从而分散你的注意力，影响你的面试表现。

每位女生应准备一两套较正规的套装，以备不同单位面试之需。女式套装的花样可谓层出不穷，每个人可根据自己的喜好来选择，但原则是必须与准上班族的身份相符。颜色鲜艳的服饰会使人显得活泼、有朝气，素色稳重的套装会使人显得大方干练。要做到针对不同背景的用人单位选择适合的套装。

鞋跟不宜过高，过于前卫，夏日最好不要穿露出脚趾的凉鞋，丝袜以肉色为佳。

当然，由于招聘单位的不同，对仪表服饰的要求也会有所差异。例如国家机关希望未来的员工衣着端庄，体现稳健踏实的作风；公司企业（尤其是外企）注重整体形象的清亮、明快等。男、女生都尽量不在面试时穿T恤、牛仔裤等过于休闲的服装。女生要避免在服饰上给人传递错误的信号，例如，过于花枝招展或暴露的着装会让人产生误会，惹来许多不必要的麻烦，对求职毫无益处。

（资料来源：结合网络资料整理）

单元三　仪态礼仪

仪态，是人们在人际交往中身体各部位所呈现出的姿态，比如与人交流时的神态，站立时的体态，行走时的姿态等。

心理学家的研究表明，在人际交往中，信息的传递有7%来自言说的内容，有38%来自言说的方式，余下的55%是来自人的外在形象，仪态又是外在形象的主要呈现内容之一，因此仪态在信息传递中的重要作用是不言而喻的。

在商务活动中，情感信息的表达和交流，在很大程度上是通过仪态来进行的，这在跨境电商商务交往活动中应该说是有更明显的体现。可以说，仪态是无声的语言。它体现着一个人的思想、情感、修养以及对身边外界事物的反映，也能表现出我们对工作的态度和对未来的追求。因此，在职场中，跨境商务人士都要清晰地意识到，端庄得体的仪态能够彰显职业形象，带来事业上的机会。

一、友善的表情

表情礼仪是仪态礼仪中重要的内容之一。它是指人的面部神态，传递着人们的思想情感。在商务交往中，一个温暖的眼神，一个温馨的微笑，会带给他人亲切、友善的印象。

（一）目光的运用

眼睛被称为心灵的窗户。在商务场合，目光的交流是双方沟通交流的重要内容，真诚、亲切、专注的目光能够营造出良好的交际氛围，而敌视、冰冷、蔑视的目光会给他人带来不好的感受。

1. 目光注视的时间

在商务交往中，凝视的时间一般不少于整体谈话时间的60%，但是又不能总是凝视对方，还要适当地将目光从对方面部短暂地离开。要注意离开的时间不宜过长，一般以2~3秒为宜，时间过长会给对方留下心不在焉、不受重视的感觉。也不能长时间盯着对方的眼睛，这样也是十分失礼的行为，会让对方感到尴尬。

2. 目光注视的区域

与人交流时，目光注视的区域也会有讲究，凝视他人身体的不同位置，会给对方带来不同的情绪体验，因此根据不同的场合、不同的交往对象，凝视的区域也各不相同。

模块一　商务形象礼仪

当我们可以将目光投放在以额头为顶点至双眼为底线形成的正三角形区域，这里被称为公务注视区，一般适用于比较严肃、庄重的场合，例如，与上司交流等。公务注视区如图1-10所示。

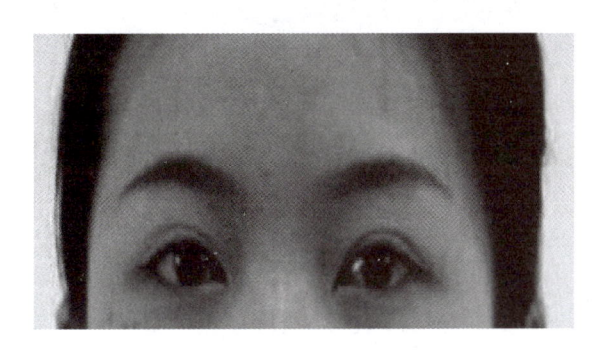

图1-10　公务注视区

还可以将目光投放在以双眼为底线至唇心为顶点形成的倒三角形区域，这里被称为社交注视区，适用于与朋友、熟悉的同事谈论轻松的话题或日常交流。社交注视区如图1-11所示。

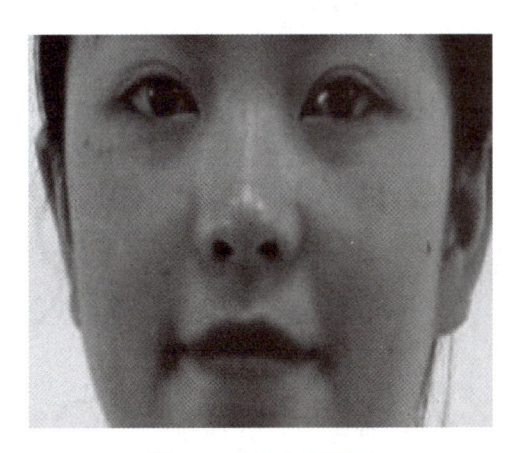

图1-11　社交注视区

以双眼眉心为顶点、胸部下线为底线形成的正三角形区域被称为亲密注视区，一般为亲人或者恋人之间交流的注视区，普通交往时若注视这个区域会显得尴尬。亲密注视区如图1-12所示。

3. 目光注视的角度

除了注视的时间、区域的限制，目光注视的角度也有讲究。在商务场合，平视可以体现双方地位平等，体现客观、理性和尊重；俯视是站在高处看着低处的人，容易传达出权威和优越感，所以尽量不要站在高处与人交流；仰视对方，表示景仰与谦恭，因此，参加典礼等一些重大商务活动时，仰视主席台上的领导嘉宾，会让主席台上的人内心愉悦，感到被尊重。

学习笔记

图1-12 亲密注视区

4. 目光注视的禁忌

虽然礼貌注视他人是礼貌交往态度的体现，但还要学会察言观色，当对方缄默不语时不注视，当对方羞涩时不注视，当对方尴尬拘谨时不注视，如此才能让交往顺利进行，才能使交往对象充分感受到你对他的尊重和你的修养。

(二) 微笑的礼仪

在商务交往中，恰当地运用微笑可以给他人留下温暖、友善的印象。发自内心的微笑是一种无国界的无声语言，它能迅速打破尴尬，拉近彼此之间的距离，让人如沐春风。

1. 眼笑

真诚的微笑应该是口眼的结合，即眼睛也要笑。眼笑要求我们的眼神是热情友好、真诚专注的，这样的笑容才更有感染力。商务人士可以在镜子面前，用一本书或一张纸遮住面部眼睛以下的部位，回忆自己一些比较愉快的经历或者曾经让自己感到愉快的事情，并将愉快的心情通过眼睛呈现出来。这时自己的笑肌抬升收缩，双眼呈现出的是喜悦和自信。当面部肌肉放松后，目光还是温和的。

这样的训练可以持续进行一段时间，使自己可以在恰如其分地、自信地、发自内心地微笑的同时让眼睛也笑起来。

2. 嘴笑

除了嘴角上扬，我们往往会说标准的微笑是露出8颗牙齿，这种标准其实是在强调微笑时要注意分寸。

更精细的标准应该是要露出6~8颗牙齿。每个人的脸型是不同的，如果统一按照露8颗牙齿的标准进行微笑的训练，会发现脸型比较小巧的人，会表现出不够和谐的感觉。所以，标准的微笑是露出6~8颗牙齿为宜。

商务人士可以经常在镜子面前练习微笑，练习时要找到适合自己露出牙齿的颗数，经常进行训练，面部肌肉便会记住这种感觉，久而久之，便形成了属于自己的最恰当的微笑。

3. 心笑

除了外在的眼神和嘴型，微笑的关键是要自然，要发自内心，要真诚。发自内心的微笑才能带给别人真正热情友好的感觉。因此，微笑还要与语言结合，与举止结合，做到眼笑，嘴笑，心笑，语言笑，举止笑。

4. 微笑的禁忌

恰当的微笑才能带给别人舒适美好的感受，因此微笑时要考虑场合与对象。
（1）当交往对象感到失意、苦恼、着急时，不宜微笑。
（2）在某些庄重的场合，如举行一些仪式、追悼会、看望病人时，不宜微笑。
（3）当他人因出现差错而表现尴尬时，不宜微笑。
（4）遇到有某种先天生理缺陷的残疾人时，不宜微笑。
（5）交谈时一直僵笑或莫名其妙地微笑，会让对方感到莫名其妙。

二、站姿礼仪

除了表情礼仪可以传递自信，挺拔的站姿也可以快速给人传递自信、豁达的气质。站姿是跨境商务人士在商务活动中最重要的姿势，是一切姿势的基础，其他姿势都是在站姿的基础上演化而来，了解站姿的规范并进行练习最为重要。

（一）站姿的正确体态

挺拔的站姿需要在良好的体态基础上去完成。

头部规范：正确的站姿体态应该是身体面向正前方，头部摆正，颈部挺直向上，下颚微收与地面保持平行。目光平视前方，面部肌肉放松。

肩部规范：双肩向后展开，用力向下沉肩，沉肩的力量与颈部挺直向上的力量形成对抗。肩部要端平，不出现耸肩，保持放松。

双臂规范：双臂自然下垂，使双手中指放于裤缝或裙缝处，手指自然弯曲，虎口朝前。双手也可以搭放于身体前。

躯干规范：腰椎、胸椎向上立起，胸口向上提起，使脊椎垂直于地面，找到立腰拔背的感觉，就像体检测量身高时希望自己长高两厘米而向上拔起的感觉。腹部肌肉向内收紧，不要松懈。

臀部规范：臀部肌肉向内收紧，夹臀且提臀，保持住不放松。

下肢规范：双腿大腿内侧向内微收，双膝及脚后跟并拢，脚尖打开呈"V"

形，打开的角度以可以塞下自己的一个拳头为宜。

整体体态：各部位站姿规范完成后，从正面看，头正、颈直、肩平、腹收、臀紧、膝并、身直；从侧面看，头部、肩部、手臂、大腿应该在一条垂直线上，总体给人挺拔、稳重、端庄、大方的感觉。

（二）商务场合女士主要站姿

不同的脚位和手位展示出不同的站姿，也会传达出不同的含义。女士的站姿还可以体现出女性的柔美、典雅、轻盈。

1. 标准站姿

标准站姿采用的是侧放式手位，手位的规范是双臂自然下垂，双手中指放于裤缝或裙缝处，虎口朝前，手指自然弯曲。脚位是双脚脚后跟并拢，脚尖打开约30度，或者大约可以容下自己一个拳头的距离，呈"V"形脚位。标准站姿一般在比较严肃、庄重的场合使用较多。女士标准站姿如图1-13所示。

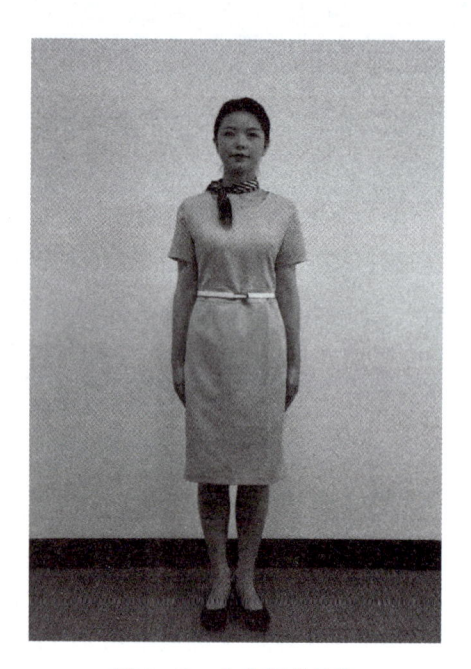

图1-13　女士标准站姿

2. 前搭式站姿

前搭式站姿采用前搭式手位，女士右手四指并拢搭放于左手四指上，使右手食指处于左手的指根处，双手拇指交叉放于手心，两臂自然下垂置于腹前。注意收紧小腹，手与小腹之间应有1厘米的距离。脚位的变化是将脚尖与脚后跟同时并拢，呈平行脚位。这种站姿给人谦恭规范的感觉。当然前搭式站姿也可以搭配"V"形脚位。女士前搭式站姿如图1-14所示。

模块一　商务形象礼仪

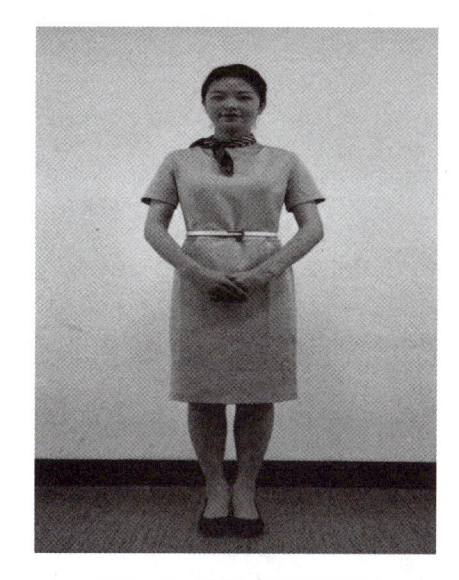

图 1-14　女士前搭式站姿

3. 仪式站姿

仪式站姿的手位在前搭式手位的基础上，将双手上提，使拇指交叉点处于肚脐眼的位置。双手的肘部与身体处于同一个平面，身体要自然，不要过于僵硬。脚位为左丁步或右丁步。脚位的规范是将一只脚的脚后跟放于另一只脚足弓最高处，双脚脚尖打开呈 30 度角。女士仪式站姿如图 1-15 所示。

图 1-15　女士仪式站姿

（三）商务场合男士主要站姿

男士站姿在把握基本要领的前提下，可以呈现出男性的阳刚之气和男士大度、稳重的修养与气质。

1. 标准站姿

男士标准站姿与女士标准站姿规范基本一致，不再赘述。男士标准站姿如图1-16所示。

图1-16 男士标准站姿

2. 前搭式站姿

男士前搭式站姿的手位规范是：右手握虚拳，左手轻搭在右拳上，要使左手的小指处于右手的指根处，双手自然下垂于小腹前。脚位采用平行脚位，双脚打开略小于肩宽。这种站姿会显得比较谦恭、严谨，如果与自然微笑的表情相配合，就会显得友好、亲切。男士前搭式站姿如图1-17所示。

图1-17 男士前搭式站姿

三、坐姿礼仪

在商务交往活动中，正确的坐姿可以给交往对象带来己方自信的印象，还可以给对方带来轻松、亲切的情绪体验。

（一）入座与离座

入座时，我们一般从椅子的左侧入座，目的是避免与他人相互妨碍。入座时要轻稳，尽量避免让椅子发出响声，落座时要坐满椅面的三分之二。女士落座时要用手背将下衣裙，让自己呈现出端庄、大方的形象。

落座后，头部要摆正，双目平视前方，下颚微收，表情自然放松。上半身挺直，与站姿时的体态要求大体一致。身体略微向前倾，表现出积极与主动的态度。女士右手在上，左手在下做前搭式手位，并将双手放置于大腿上；男士双手呈"八"字形分别放于大腿上。

离座时，要从椅子的左侧离开，起身要缓慢，不可将椅子推动得发出声响。

（二）商务场合女士主要坐姿

1. 标准坐姿

女士标准坐姿是最端庄的坐姿，可以体现出女性的稳重、自信与典雅。采用标准坐姿时，双腿、双脚并拢，呈平行脚位。身体呈现出两个90度：身体与大腿呈90度，大腿与小腿呈90度，即小腿垂直于地面。女士坐立不分膝，不得呈现不雅的姿态。该坐姿适用于正式场合。女士标准坐姿如图1-18所示。

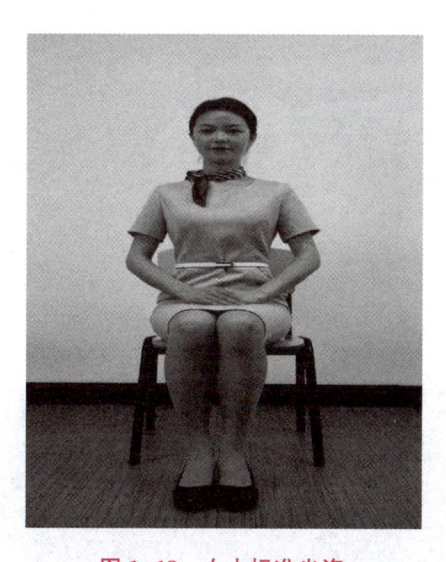

图1-18　女士标准坐姿

2. 侧平行式坐姿

该坐姿在标准坐姿的基础上，将双腿侧放于左侧或右侧，注意侧放时脚跟不离地，要坐得自然，没有紧张感。侧平行式坐姿如图 1-19 所示。

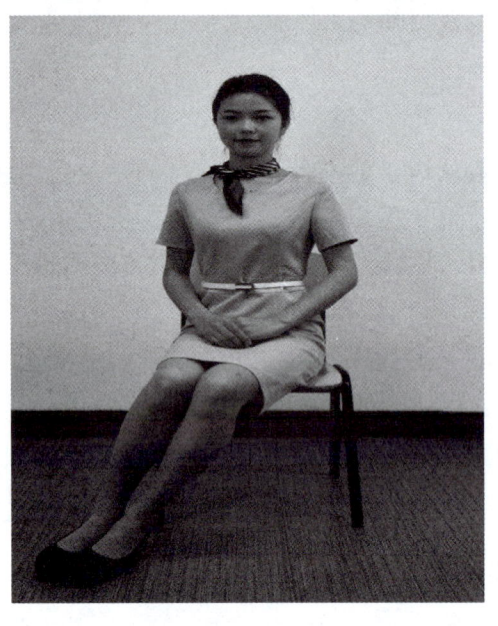

图 1-19　女士侧平行式坐姿

3. 交叠式坐姿

交叠式坐姿即女士在标准坐姿基础上，将脚踝交叠在一起，双腿垂直于地面，这种坐姿不容易累，适合需要长时间就座的场合。女士交叠式坐姿如图 1-20 所示。

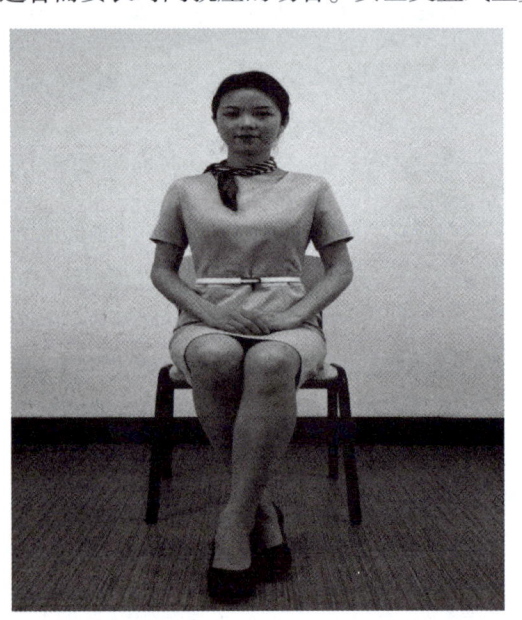

图 1-20　女士交叠式坐姿

4. 开关式坐姿

在标准坐姿的基础上，将左脚前移半步，右脚后移半步，再将左脚脚尖指向 11 点钟方向，右脚脚尖指向 1 点钟方向，保持双膝并拢。这是左开关式坐姿，右开关式坐姿与左开关式相反，即右脚在前，左脚在后。女士开关式坐姿如图 1-21 所示。

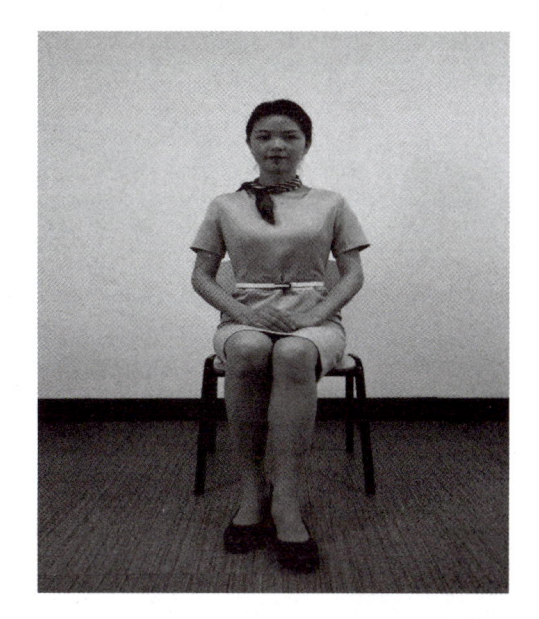

图 1-21　女士开关式坐姿

（三）商务场合男士主要坐姿

1. 标准坐姿

男士标准坐姿与女士的基本相同，要注意的是，落座后男士的双脚打开约 10 厘米，不要超过肩宽即可。男士标准坐姿如图 1-22 所示。

2. 叠腿式坐姿

叠腿式坐姿为左小腿沿着椅子的前侧垂直于地面摆放，将右腿完全叠放在左腿上，使双腿叠放于一起。之后，将放于上面的腿略向前方伸出。采用叠腿式坐姿时要注意脚尖不能对着他人，也不能跷太高，需要往下压，腿部不要抖动。需要强调的是，在正式场合要避免使用这种坐姿。

3. 交叠式坐姿

交叠式坐姿是在女士交叠式坐姿的基础上，将双膝分开。男士交叠式坐姿如图 1-23 所示。

图 1-22　男士标准坐姿

图 1-23　男士交叠式坐姿

4. 开关式坐姿

男士开关式坐姿的大体规范参照女士开关式坐姿，双膝分开不超过肩宽即可。

（四）商务场合男女士坐姿手位的变化

在实际商务交往活动中，可以根据实际情况进行手位的变化。

（1）可以将双手相握放于两条大腿上，也可以双手叠放在两条大腿上，男士还可以双手分别放于两条大腿上。

（2）可以将双手自然放于一条大腿上，也可以双手叠放于一条大腿。在与他人进行交谈时，要将双手放在离对方近的那条腿上。

（3）入座后将双手叠放于一侧的扶手上；当自己的面前有桌子时，将双手平放于桌子边沿，或将双手相握或叠放于桌面上。

四、行姿礼仪

行姿是在站姿的基础上完成的延续动作，呈现出的是动态美。无论是在日常生活中还是在职场中，正确的行姿往往可以带给人积极阳光、充满活力的感觉，是最引人注目的肢体语言。

常言道"行如风"，是指人在行走时步态轻盈，如风行水上一般。正确的行姿应遵循以下几点规范：

（一）步度适宜

行进时，双脚之间形成的距离称为步度。女士的步度大约是自己一个脚长的距离，男士则应是自己一个半脚长的距离。步度太小容易产生做作之感，而步度太大会显得太过于匆忙，显得慌乱、不稳重。

（二）步速适中

行进时步速要适中，行进速度可以保持在每分钟 100~110 步之间，避免忽快忽慢。换言之，就是步度要均匀，步速要稳定，才能保持行走时的平稳。

（三）步高适宜

步高是行走时双脚抬起的高度。如果脚步抬得太高，行走的姿态就容易有瘸腿或者采坑的感觉，步高太低则容易影响行进的速度，而且两种情况都非常影响行姿的美观，因此行走时步高要适宜。

（四）步位正确

行走时脚迈出后落地的位置称为步位。行走时女士的步位标准为：向正前方行走时，左脚内侧边缘与右脚内侧边缘应当落在一条直线上。男士的步位要形成两条平行线，避免出现内八或者外八。

（五）摆臂规范

行走时双臂要以肩为轴，前后自然摆动，摆臂的幅度前宽后窄，手臂向前时与身体呈 30 度角，向后摆臂时与身体呈 15 度角。摆臂时注意双臂不要往外甩。

结合以上五点，行走时脚跟先落地，膝盖在脚落地时伸直，双臂自然摆动，两眼平视前方，抬头挺胸，步伐轻盈矫健，便能形成自信、稳健的优美行姿。

（六）行姿禁忌

行走时也要体现出商务人士的素养：注意不在人群中抢行，以免妨碍他人；在一些特定的场合要注意行走的先后顺序，不要争先恐后，也要适时给他人让路，体现自己的教养；即使遇上急事，也不要跑来跑去，可以适当加快脚步，以免给旁人带来紧张的情绪；走路时步伐要轻，不要有拖沓声。

五、蹲姿礼仪

工作中，因捡拾掉落的物品或者拍集体照等原因，需要我们用到蹲姿。若想让自己蹲得稳重大方，不出洋相或者不出现尴尬的场面，就需要我们熟悉蹲姿的规范。

（一）蹲姿的规范

（1）在标准站姿的基础上，向右转身 45 度，此时的左脚为高位腿，右脚为低位腿，将右脚（低位腿）向后退一大步，并提起脚跟。

（2）上半身保持直立，女士用手背捋下衣裙，男士拎起裤脚，身体整体下沉，将臀部落于右腿（低位腿）上。

（3）女士右手在上，左手在下叠放于左腿（高位腿）上，男士将双手分别放于两条大腿上。

（4）女士双膝并拢，男士双膝打开约 10 厘米的距离。

（5）上体保持垂直，表情要真诚、自然、放松。

下蹲时还可以根据场景或者实际需要选择左脚做低位腿向后撤步。男、女士蹲姿如图 1-24 所示。

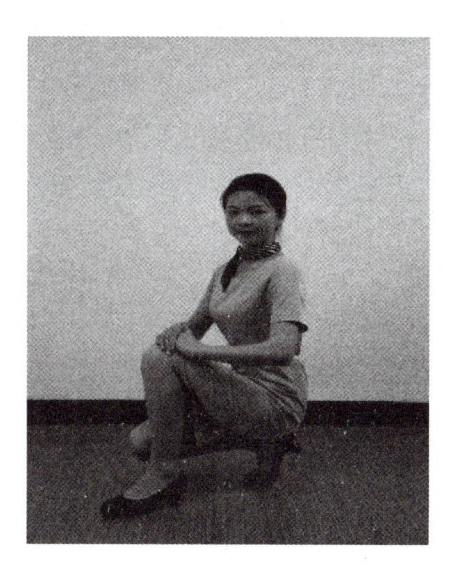

图 1-24　男、女士蹲姿

（二）蹲姿的禁忌

（1）不要突然下蹲。行进时突然下蹲容易导致意外的发生，也可能会给周围人带来惊慌感。

（2）下蹲时方位要得当。正面朝向他人下蹲是一种不礼貌的行为，女士也容易出现走光的尴尬情况。

（3）不要不加掩饰地下蹲。特别是一些女性，如果穿着裙装或者领口较低的上衣，下蹲时注意双腿膝盖并拢，手捂住胸口再下蹲。

（4）下蹲时避免与别人距离太近，容易导致尴尬或碰撞。

六、手势礼仪

跨境商务人士在工作中难免需要用到手势，比如给客户指引方向、指向某人或某物等。得体的手势会带给别人专业、规范、礼貌的感觉。

我们可以根据所指示的方向或位置灵活地选择高位手势、中位手势以及低位手势。

基础的手势规范是：在标准站姿的基础上，将右臂从体前或体侧抬起，注意自己的手臂与上体是在一个平面上；手掌四指并拢并伸直，大拇指略内收，注意不要紧贴在食指上，让手掌和地面形成135度夹角，同时手掌要与手臂在同一条直线上。手臂与地面保持平行，手的肘部与身体间保持约三个拳头的距离。另一只手自然垂放于身体两侧，表情自然、略带微笑。这就完成了基础的手势，也是中位手势。

在基本手势的基础上，手臂抬高，大臂与地面平行，注意自己的指尖高度不要超过头顶,这样便完成了高位手势。把小臂往下放,注意指尖不低于髋部,指向目标方向,这样便完成了低位手势。引领的手势如图 1-25 所示。

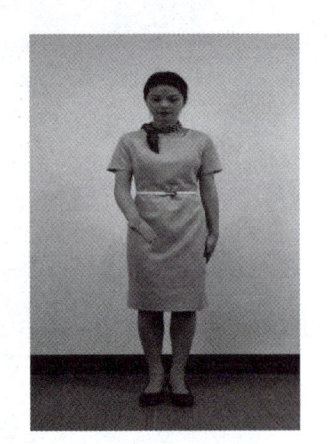

图 1-25　引领的手势

七、递物礼仪

商务场合,有时候需要我们用到递接物品的礼仪。我们将分成递物和接物两个环节来进行讲述。

递物时,以"V"形脚位站立准备,面带微笑,以髋关节为轴,上体微微前倾 30 度,并将双手手臂伸出,完成递物的动作。递物时手掌与小臂在一条直线上,双眼要跟递交对象有目光交流,带有尖或刃的物品,要使尖或刃朝向自己或朝向侧面。

接物时,也应面带微笑,目视对方,双手接物。在不方便使用双手接取物品时,要选择使用右手,避免单独使用左手接取物品。

【案例】

某公司需要提拔一名经理,小王被上级领导看中,得到了晋升面试的机会,领导鼓励小王好好准备迎接考核。在考核中,小王坐在那里一边回答问题,一边不停地变化双腿的姿势,甚至还不停地抖动,眼睛一会儿看这一会儿看那。小王的这些行为让领导大失所望,其对小王的印象也大打折扣。

(资料来源:结合网络资料整理)

案例中的小王问题出在哪里,为什么领导对他的印象会大打折扣?

点评:
一个人的行为举止体现了一个人的文化素养和思想水平。本案例中的小王本有一个大好的提拔晋升机会，却因他一些不得体的仪态被领导看在眼里而可能无法成为晋升的最佳人选。例如，坐着回答问题时不停地变化双腿的姿势，容易给对方传递自己因为面试考核而紧张的信息，显得不够自信；抖动双腿是不够稳重的表现，容易给考官留下不值得信任的印象，从而失去晋升提拔的良机。

【知识拓展】

"V"形胜利手势的由来

大多数人都知道，"V"形手势不只有"2"的意思，它还代表着胜利的意思。这个手势的来历要追溯到第二次世界大战时期。

第二次世界大战期间，纳粹德国的铁蹄踏遍欧洲大地，很多国家相继沦亡。这时，有位叫维克多·德拉维利的流亡英国的比利时人，号召大家到处书写"V"，以增强大家胜利（victory）的信心。后来这件事传遍欧洲，人们开始在见面时做出"V"形手势，互相鼓励。

当时的英国首相丘吉尔得知这件事情后，大加赞赏。他自己也十分喜爱做这种手势。据说有一次，他在地下掩蔽体内举行记者招待会时，地面上突然响起警报声，丘吉尔闻声举起右手，将食指和中指同时按住作战地图上的两个德国城市大声地对与会记者说："请相信，我们会反击的。"这时，一名记者发问："首相先生，有把握吗？"丘吉尔转过身，将按在地图上的两指指向天花板，情绪激动地大声回答："一定胜利！"

丘吉尔这一镇定威严的形象被刊登在了第二天出版的各大报纸上。从此，这一手势便在世界迅速流行开来。

（资料来源：结合网络资料整理）

【知识检测】

一、判断题

1. 仪容礼仪中的"三三原则"是指每天三餐后三十分钟之内要漱口。（   ）

2. 女士参加正式场合的活动时，如果穿的是套裙，必须要穿肉色长筒丝袜，且鞋子不能露脚趾。（   ）

3. "55/38/7"定律强调一个人给别人留下良好第一印象最重要的因素是穿着打扮。（   ）

二、选择题

1. 西服穿着禁忌包括（   ）。
   A. 袖口上的商标没有拆

B. 在正式场合穿着夹克打领带
C. 正式场合穿西装套装时穿白色袜子

2. 职业场合着装禁忌有（　　）。

A. 过分杂乱　　　　　　　　B. 过分短小
C. 过分暴露　　　　　　　　D. 过分鲜艳

三、问答题

（1）什么样的站姿才能展现出你的自信，塑造良好的气质和风度？
（2）什么样的坐姿才能展现出你的内涵，塑造出温文尔雅的气质？

【能力训练】

1. 化妆技能训练。

（1）准备工作。

按老师要求准备以下化妆用品：妆前补水喷雾、隔离霜、遮瑕膏、三色修容盘、粉底、腮红、大地色系眼影、眉笔、笔状眼线液、睫毛膏、散粉、唇膏等彩妆用品及化妆棉、化妆刷等工具。

职业妆基本步骤：隔离霜妆前打底→遮瑕→粉底→修容→定妆→画眉→画上下眼线→画上下眼影→加睫毛→涂睫毛膏→打腮红→小范围修容→唇膏→二次定妆。

（2）化妆能力训练。

根据下表所提示的具体评估标准，请女生为自己打造一个清新淡雅的适合跨境电商等商务人士的妆容。

考评项目	考评内容及评估标准	分值（分）	自评分	同学评分
准备工作	◇ 化妆品准备 A. 按老师要求准备齐全所需化妆品 B. 化妆品品质符合要求	6		
	◇ 化妆工具 A. 化妆工具干净整洁 B. 化妆工具整齐摆放	4		
操作过程	◇ 粉底修饰自然、通透 A. 粉底基础色、提亮色、阴影色位置准确，过渡自然 B. 粉底打得轻薄、通透，提亮肤色的同时让肌肤显得细腻光滑 C. 粉底不厚重，没有太浓重的妆感，符合日常职业妆	30		

续表

考评项目	考评内容及评估标准	分值（分）	自评分	同学评分
操作过程	◇ 五官修饰自然、色调和谐 A. 眉毛线条流畅，清新自然 B. 眼线线条流畅，过渡自然，有效调整眼型 C. 眼影色彩自然，眼部干净，眼部周围无粉末脱落痕迹	20		
	◇ 腮红修饰自然 A. 颜色自然不突兀，与肤色浑然一体 B. 晕染和谐，不分块 C. 底线不过鼻头延长线	10		
	◇ 唇妆自然，与眼部色调和谐 A. 线条清晰，唇峰位置有光泽 B. 唇形自然，色彩与眼影及整体妆容和谐	10		
整体效果	◇ 整体妆容搭配协调 A. 妆面美观干净 B. 色彩清新且能突出所化妆容的主要色调 C. 整体搭配协调	20		

2. 面对突如其来的接待，如果只给你 5 分钟时间，你将如何化出一个清新漂亮的工作妆？请设计一个化妆方案。

3. 练习领带的不同系法，在此基础上比较不同系法的效果，并尝试搭配不同款式、不同颜色的衬衫。

| 模块二 |

商务接待礼仪

模块二　商务接待礼仪

【学习目标】

知识目标

- 了解称呼及介绍的种类。
- 了解见面时礼仪礼节的基本要求。
- 熟悉商务交往沟通技巧。
- 了解引导礼仪规范。

能力目标

- 能够在商务场合规范地介绍自己和介绍他人。
- 能够规范得体地使用称呼，树立良好的形象。
- 能针对不同的场合和交往对象，灵活使用名片。
- 能熟练运用各种见面礼仪。

素质目标

- 打造跨境商务人士良好的职业形象。
- 培养跨境商务人士跨文化交际的意识。

【思维导图】

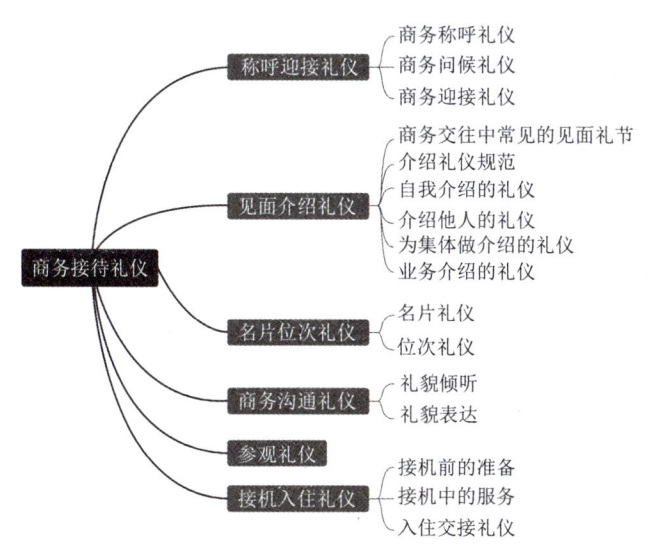

```
                          ┌─ 商务称呼礼仪
              称呼迎接礼仪 ─┼─ 商务问候礼仪
                          └─ 商务迎接礼仪

                          ┌─ 商务交往中常见的见面礼节
                          ├─ 介绍礼仪规范
                          ├─ 自我介绍的礼仪
              见面介绍礼仪 ─┼─ 介绍他人的礼仪
                          ├─ 为集体做介绍的礼仪
商务接待礼仪 ─┤            └─ 业务介绍的礼仪

                          ┌─ 名片礼仪
              名片位次礼仪 ─┤
                          └─ 位次礼仪

                          ┌─ 礼貌倾听
              商务沟通礼仪 ─┤
                          └─ 礼貌表达

              参观礼仪

                          ┌─ 接机前的准备
              接机入住礼仪 ─┼─ 接机中的服务
                          └─ 入住交接礼仪
```

【模块背景】

　　佳明经过职业形象培训后，自身的形象有了大幅改变，并能熟练运用站姿、行姿、坐姿、蹲姿及手势等，塑造自身良好的仪态。这时经理告诉他，一个美国客户要来公司洽谈合作，请他提前做好接待准备。于是，佳明开始学习商务接待礼仪，比如接机入住、见面介绍、沟通参观等，希望在接待的时候能够给客户留下一个好印象。

单元一　称呼迎接礼仪

商务人士在日常工作中通常要接待来自各方的客人，特别是跨境商务人士，还可能会经常接待外宾。接待工作看似简单，却是极容易给客人留下不同印象的环节，比如对企业的整体印象、对所在工作部门的印象、对企业员工素质的印象等。这些印象的好坏将直接影响到公司业务能否顺利开展。提前了解来宾的风俗习惯，亲切的微笑，热情、细致、周到的接待都是衡量接待工作是否成功的重要指标。

一、商务称呼礼仪

称呼，即人们相互之间的称谓，恰当的称谓可以拉近人与人之间的距离，反映一个人的修养和品德。有人将合理的称谓视作人际交往的"敲门砖"，可见良好的称谓是商务人士成功交往的开端。

不同的称呼方式反映出不同的关系，要想合适地称呼他人，首先得了解称呼的类型。

（一）常见的称谓类型

1. 正式性称谓

正式性称谓又叫职务性称谓，是指与交往对象在工作上的职务相称。根据商务场合正式程度或者与交往对象关系亲密程度的不同，有以下三种不同的称呼方法：一是仅称职务，比如"局长""董事长""主任"等；二是在职务前面加上姓氏，比如"李科长""徐部长""张总经理"等；三是在职务前面加上姓名，比如"王丽处长""徐路厅长"等，这样的称呼往往显得郑重其事，应在非常正式、隆重的场合使用。

2. 职称性称谓

职称是一个人身份的象征，对于具有中、高级职称的人士，可以在商务交往场合直接以其职称相称，拉进双方之间的距离，比如"张教授""王高工（指高级工程师）"等。

3. 学衔性称谓

学衔性称谓与交往对象所在的行业、专业及其对专业知识的掌握程度有密切的关系，比如医生、博士、律师等。跟正式性称呼类似，在称呼交往对象时可以直接称呼对方的学衔，比如"博士"；也可以在学衔前面加上姓氏，比如

"张博士";可以在学衔前面加姓名,比如"张明博士";还可以将学衔具体化,说明其所属学科,并在后面加上姓名,以综合称谓来称呼,比如"医学博士张明"。

4. 礼仪性称谓

当我们无法判断交往对象的职务、职称或学衔的时候,或者由于其他原因,仅以性别区分时,礼仪性称谓可以让我们显得大方得体且不失礼数,比如"先生""女士""小姐"。一般来说,对未婚女性称"小姐",对已婚女性称"女士"。在不明婚姻状况的情况下,对女性统称"女士"。

5. 跨境商务人士外贸活动中常用的称谓

跨境商务人士的商务交往,根据交往对象国情、民族、宗教信仰及文化背景的不同,称谓也是各不相同,有时会有较大的区别,因此在称谓的运用中要掌握国别差异的一般性规律。

与外国人士的交往,"先生""女士""小姐"是最常见的称呼。对于地位较高的人士,通常称对方为"阁下"。教授、医生、法官、律师等职业很受民众的尊重,因此可直接可用作称呼。除此之外,职务性称呼也是对外籍人士常用的称呼方式。当用职务称呼时,要用姓或全名,英美人通常是名在前、姓在后,如果姓名之间有逗号隔开,则在前面的是姓,后面的才是名。

(二) 商务称谓礼仪的禁忌

商务交往中称谓的使用,要根据交往双方的关系、亲密程度等做出选择。在称呼时要注意宗教、民族和区域文化的不同,在正式场合不宜出现小名、绰号等不恰当的称呼,也不要以"喂""哎"等方式称呼他人。使用称呼尽量就高不就低,与多人同时打招呼时,称呼要做到有序。

1. 忌正式交往场合中使用小名做称呼

在商务交往活动中,即使你与交往对象关系很不一般,也不能在正式场合使用小名、绰号称呼对方,这容易使商务活动失去正规性,缺乏权威性。

2. 忌使用不当的行业称呼

日常社交活动中,学生互相之间互称"同学"、军人之间互称"战友"、工人之间互称"师傅"都是再平常不过的,但在商务交往活动中,出现类似的行业性称呼,不但不能表示亲近,还容易引起对方的反感,让对方产生被贬低的感觉。

3. 忌使用口语化的称呼

口语化的称呼十分不适合在正式场合使用,像"兄弟""哥们儿""闺蜜"等这些口语化的称呼在正式场合容易显得庸俗低级。也不能见人都称"老板",

显得不伦不类。

二、商务问候礼仪

恰当的问候是我们对他人的尊重，也是我们个人修养的重要表现。

1. 问候的次序

问候与其他商务交往活动一样，很重视次序。这里的次序既包含一人对一人时问候的次序，也包含一人对多人或多人对一人时问候的次序。无论是哪一种情况，在商务交往过程当中，都应该要做到"先问候尊者"，即职务较低者或年轻人先问候职务较高者或年长者。如果碰到人数不止一人的情况，也可由近及远依次来进行问候。

2. 问候的时机

关于问候，无论是一天当中的初次见面，还是在商务交往过程中的初次见面，都会使用问候。除此以外，在经过他人为我们做介绍的时候，我们也要向对方一人或多人进行问候。

3. 问候的方式

根据问候内容的不同，可以将问候分为一般式、欢迎式和景仰式三种。

一般式是人们最常用的问候方式，例如，"您好""节日好""新年好""好久不见"等一般性的礼貌问候词，无论双方是否熟识，都可以使用。

欢迎式问候，要在一般式问候的基础上加上欢迎用语，例如，"您好，欢迎您的到来""您好，非常欢迎您"等。

景仰式一般是晚辈对于长辈或者我们面对有突出成就的人而使用的。常用的有"非常高兴见到您""认识您是我的荣幸"等。

4. 对外籍人士的问候

与外籍人士见面时的问候，要根据对方的习惯来进行。比如法国人见面喜欢谈论健康；英国人见面喜欢谈论天气，天气在英国是最受欢迎的话题。在与外籍人士见面问候时，要提前根据他们的国情、习惯和文化背景做好功课。

在问候的过程当中，我们会在语言问候的同时辅以行为，例如，眼睛要注视着对方，面带微笑，这能更加直接地表达我们对被问候人的敬意。

三、商务迎接礼仪

迎来送往，是商务交往活动中常见的环节，是表达主人情谊、体现礼貌素养的重要方面。尤其是迎接，是给客人留下良好的第一印象的重要环节，能为下一步深入交流打下基础。迎接客人要有周密的部署，提前做好各项事务的安排。

（一）准备工作

1. 心理准备

对于来拜访的客人，无论是已经约好的还是临时前来拜访的，无论是陌生的、没有打过交道的客户还是熟悉的客人，无论是业务往来还是朋友关系，都要做好心理准备。要调整好作为接待方的心境和情绪，以最饱满的热情来接待来访的客人。

2. 物质准备

（1）了解清楚来访客人的来访目的、性质，针对具体情况制订相应的基本方案。方案上体现的接待活动应在一定程度上与业务范围有关。专门负责接待的人员要安排好接待日程，事先拟定出各个项目陪同人员的名单，并提前通知参与接待过程中所有可能涉及的成员做好准备。

（2）事先确定接待的地点，做到接待环境整洁、干净、明亮、无异味。古人在客人拜访之前都有打扫庭院的习惯，我们应将这良好的习惯传承下来，提前整理接待用的场所，布置迎客用的花卉、绿色植物，物品摆放整齐，营造出欢迎的气氛。

（3）接待人员应保持干净整洁的仪表，这样可以表达对来访客人的尊重。女性可以化淡妆、束发；男性应将胡须剃干净，头发梳理整齐。

（4）根据来访客人的喜好提前准备好点心、水果、茶叶之类的小食品。接待用的点心可以选择方便食用且爽口的，简单来说就是小块的、容易下咽的，尽量避免选择难嚼的、粘手的、味道重的食物；水果不要选择多籽的、太硬的或者太难剥皮的；准备茶点时，要同时准备一些叉子、牙签、纸巾，便于客人取用。

（5）当有客人来拜访时，是跨境商务人士做业务宣传、推广企业的最好时机。可以根据来访客人的目的，准备好相关的材料，比如公司的宣传介绍手册、产品目录单等。

（6）提前准备好自己要与客人交换或赠予客人的名片，名片也是一种无声的宣传。

（7）根据实际需要安排好接待的酒店，酒店的选择要根据接待经费预算、宾馆实际接待能力、周边环境、交通状况、安全因素及服务质量等综合考虑。还要在与采访客人沟通好后，为其预订返程的火车、轮船或飞机票。

3. 了解客人

当被公司委派做接待人员时，要养成提前详细了解客人情况的习惯，这样才能做到心中有数，做好接待工作。提前了解清楚客人来访的目的和基本情况，比如姓名、性别、职务、级别，来访一行人的数量及其爱好、宗教信仰、饮食禁忌、出行的交通工具、到达的时间和地点、返程时间和联系方式等，以便有针对性地安排交通工具和住宿，做好接待的准备工作，确定合适的接待规格。

4. 接待规格

在商务接待中，十分讲究合适的接待规格，这直接决定了由谁出面接待才能恰当地表示对客人的尊重和友好。因此，要根据来访客人的身份确定接待规格。一般有以下三种接待规格：

（1）高规格接待。高规格接待是指主要陪同人员比来访客人的职务要高的接待，这意味着对客人的特别重视。对一些企业而言，当希望开拓一个全新的业务伙伴时，通常会在接待时给予特别高的礼遇。

（2）对等接待。对等接待主要指陪同人员与来访客人的职务相当的接待，这是一般规律，是最常用的接待规格。

（3）低规格接待。低规格接待即主要陪同人员比来访客人的职务低的接待。在商务交往中采用低规格接待，往往是因为双方隶属于同一单位或集团。比如公司董事长到分公司视察，分公司的经理出面接待，就造成了低规格的接待。在普通的、非同一单位的商务交往中，如果出现低规格的接待，往往容易引起客人的不满，会被认为对他们不够重视，容易造成订单的丢失等，因此一般不可采用。

（二）商务接待礼仪

接待工作的好坏可能直接影响来访客人的心情与感受，有时甚至会影响企业在来访客人心目中的形象。尤其是在接待远道而来的外宾或外地来访的客人时，跨境商务接待人士务必要做到严谨、细致、耐心、周到，这样才能增强客人与我们合作的信心，促进双方业务的发展。

1. 迎客

对前来拜访、访问、洽谈业务或者参加会议的外国、外地客人，接待人员首先应了解对方到达的航班或车次，并安排与客人身份相当的人员前去迎接。如果由于特殊的原因身份相当的人不能前往，代替前去迎接的接待者有必要向客人做出礼貌的解释。接待人员到车站、机场去迎接客人时，应提前到达以恭候客人的到来，杜绝主人迟到而让客人等主人的现象出现。

接到客人后，应首先问候"您一路辛苦了""欢迎您来到我们公司"等，然后向对方做自我介绍。此时可以赠送名片给客人，方便后面客人联系。当见到客人时，接待人员应主动为来宾拿行李，但不包含来访者的外套、小的提包或密码箱等。

当客人到达公司前的5~10分钟，如果提供的是高规格接待，要安排专门人员在公司大门外迎接。跨境商务人士在本公司接待访客时应注意提前通知入口处的接待人员，环环相扣，做好安排，避免出现"挡驾"事件，造成让双方尴尬的局面。

2. 茶水接待

接待客人不可无茶。我国大部分地区习惯以茶水接待客人，这也是体现接待方热情好客的重要步骤。客人坐下后，应马上倒茶水示意客人稍做歇息，待客诚意不可缺。在接待尊贵的客人时，不但茶具有特别的讲究，倒茶、递茶也有相应的礼仪规范。上茶时，应在客人入座后，取出杯子，当着客人的面将杯盖揭开，先烫杯子再放入适量茶叶，沏茶。上茶水时要从客人的左边上茶。不要在取杯子时用手指拿住杯口且留下手印，这是十分不礼貌的。

如果准备了点心、水果，则茶水饮料最好放客人的右前方，点心、水果放在客人的左前方。

3. 安排活动

重要的高规格接待一般是已经预知的，对于提前预约来访的客人，应当将一些接待活动考虑到接待方案中去。比如，安排观看介绍公司业务的录像、参观某些部门、游览当地的风景名胜等。所有的安排要事先了解情况，需要外出的要提前安排好交通工具及相关物品，使客人感受到接待方的热情、友好、礼貌、周到。

4. 住宿安排

来自外国、外地的客人往往需要住宿。主人应提前为客人准备好住宿，需要提前了解好客人的人数、性别、年龄等基本信息，方便做好住宿安排。接待人员要帮客人办好一切手续并将客人领进房间，还要向客人介绍住处的服务设施。要及时将第二天的活动计划及日程安排告知给客人。

将客人送到酒店后，还可以适当地跟客人介绍住地附近的自然景观、特产、物价等，方便客人自由活动时准确地找到满足其需要的地点。但考虑到客人一路旅途劳累，接待人员不宜久留，以便让客人早点休息。离开时将次日联系的时间、地点、方式等告诉客人。如果客人对行程有新的建议，可以进行协商，回到公司后，接待者应把新确定的日程安排及时传达给所有相关人员。

（三）接待时的用语

1. 接待时的文明用语

在接待的过程中，宜经常使用以下礼貌用语：
"您好！"
"欢迎您的到来！"
"×××××，请坐！"
"对不起，让您久等了。"

"非常抱歉！"

"请您原谅。"

"谢谢您。"

"好的，我知道了。您的意思是×××××，是这样吗？"

"承蒙您的关照，非常感谢！"

"欢迎您再次光临。"

2. 初次见面的禁忌

在接待客人过程中，难免要与客人交谈，要想做到在交谈过程中得心应手地控场，先思后言、随机应变、言而有据、富有幽默感等都是不可或缺的谈话技巧。在与初次见面的不太熟悉的客人交谈时，应当避免询问以下问题：

（1）年龄。一般对跨境商务人士来说，不宜随便问客人的年龄，尤其是女士，尊重对方的个人隐私。后期随着交流的深入，可再视具体情况交流。

（2）收入情况。随意询问他人的收入情况，容易引起他人的反感，尤其是对一些收入没有达到自己内心预期目标的人来说，询问收入容易引发不必要的疑惑和反感。

（3）婚姻状况。婚姻属于客人的个人隐私，不可贸然直接询问。有的人尽管看上去年纪比较大但实际还没有结婚；也有些人看上去很小，但可能孩子都已经是学龄儿童了。有些人的婚姻可能不是很顺，也有些人可能不打算结婚。总之，在客人没有主动告知这些问题的情况下，不要贸然去打听属于个人隐私的问题。

（4）客人住址。初次见面不可以随意问别人的住址，因为对方还没有建立对你的信任，如果询问对方家庭住址和电话，会导致对方本能地开启自我保护模式，并且主动远离你。

（5）宗教信仰。宗教信仰不适合作为公开讨论的话题。

（6）其他关于个人隐私的问题，比如为什么不要孩子，客人衣着的品牌、价格等也不宜询问。

【案例】

有位先生的外国女性朋友到中国旅游，恰巧朋友的生日来临，他决定为朋友订一个生日蛋糕。他来到一家蛋糕店，对服务员说："您好，我要为我的一位外国朋友订一份生日蛋糕，同时打一份贺卡，您看可以吗？"服务员接过订单一看，忙说："对不起，请问先生，您的朋友是小姐还是太太？"这位先生也不清楚这位外国朋友结婚没有，从来没有打听过，他为难地抓了抓后脑勺想想说："小姐？太太？一大把岁数了，是太太。"生日蛋糕做好后，服务员按地址到酒店客房送生日蛋糕，敲门后，一女子开门，服务员有礼貌地说："请问，您是怀特太太吗？"女子愣了愣，不高兴地说："你找错人了！"服务员丈二和尚摸不着头脑，抬头看看门牌号，并立刻打电话询问订蛋糕的那位先生，得知房间号没错。再敲一遍，对方开门后服务员又说道："没错，怀特太太，这是您的蛋糕"。那女子大声说："告诉你错了，这里只有怀特小姐，没有怀特太太。"只听"啪"一声，门被用力关上了。

（资料来源：结合网络资料整理）

为什么蛋糕店服务员会吃闭门羹呢？

点评：

在人际交往中，选择正确的、恰当的称呼，可以体现自身的修养和对对方的尊重，是社交的起点，也是关键点所在。日常生活中的称呼应当亲切、准确、入乡随俗，称呼是交谈前的"敲门砖"。

本节的案例中，蛋糕店服务员在前来订蛋糕的先生的错误引导下，没有弄清客人婚姻状态，选择了错误的称呼，造成外国朋友的强烈不满。可见在人际交往中，错误性称呼是一定要注意规避的问题。基于被称呼者的年纪、辈分、婚否以及与他人关系做出错误判断是造成错误性称呼的主要原因。

在本案例中，这位先生凭推测称呼自己的外国女性朋友为"太太"，而在西方，"女士"是对成年女性的通称，一般冠以她自己而非丈夫的姓名；"夫人""太太"是称呼已婚女性，冠以丈夫的姓名或丈夫的姓以及她自己的名；已离婚的妇女可以用她自己的姓名或前夫的姓以及她自己的名，而不能仅用前夫的姓；成年而未婚的女子称"小姐"，用她自己的姓名。对于不了解其婚姻状况的女子可泛称"小姐"或"女士"，已婚的女性被别人称作"小姐"时，会愉快地接受这一"误称"。相反，未婚的女性被别人称作"太太"时，都会格外介怀的。

【知识拓展】

中国称呼礼仪常识

古人有多种多样表示尊敬的称呼方法，比如：

1. 用"道德高尚"的说法称呼对方，如称人为"子、夫子、先生"等。
2. 从辈分上尊称对方，如称人为"父老、父、丈人、母、媪、老伯"等。
3. 称呼对方的字、号。
4. 称呼对方的身份时加上"贤、尊、高"等字眼。如"贤侄、贤婿"等。
5. 用对方的部下来代称对方，表示由于尊敬的缘故，不敢直接称呼对方。例如，"陛下"代称帝王；"殿下"代称皇后、太子；"阁下、足下"等代称一般人。

古代第一人称代词除了"我",还有"余、吾、予、朕、台、卯"等。但古人对长辈或平辈说话时,也是毫无例外地用谦称。例如:

1. 用"道德不高尚"或"不聪明"的说法来称呼自己。如自称"鄙人、小人、愚、愚弟"等。

2. "用辈分低"的说法来称自己。如自称"小弟、小侄"等。

3. 用"地位卑微"的说法来称呼。如自称"臣、仆、在下"等。

4. 称自己的身份、职务,有时还加上"卑、小、贫"等字眼。如自称"弟子、学生、小生、贫僧、卑吏、卑职"等。

5. 直呼自己的名。如孔子自称"丘"。

古人的礼貌语言还表现在,凡是说到与对方有关的行为、人物、事情、物品时,大都要使用尊敬、委婉的说法,例如:

称别人的姓、名和字为"贵姓、大名、尊讳、尊字"等。

称别人年龄为"贵庚、尊庚、芳龄、高寿"等。

称别人的住处为"尊府、府上、尊寓、华居"等。

称别人的神态、相貌为"风采"等。

称别人的身体为"玉体"等。

称别人的亲属去世为"作故人、谢宾客、仙游"等。

同样,说到与自己有关的人和事物时,也一律采用谦虚的说法。例如:

称自己的妻子为"拙荆"。

称自己的孩子为"犬子"。

称自己的朋友为"敝友"。

称自己的意见为"愚见、愚计"。

向别人询问叫"拜问"。

回答别人称"上报"等。

(资料来源:结合网络资料整理)

单元二　见面介绍礼仪

一、商务交往中常用的见面礼节

(一) 握手礼

在跨境商务交往场合,最常用的一种见面礼节就是握手,通常用来表示欢迎、告辞、祝贺、感谢、慰问、友好、合作等含义,体现的是平等、友好、相互尊重。

1. 握手礼的规范

人们通过两手相握时的状态,传递出相互之间的热情、友好、真诚等情感。

(1) 握手者之间的距离保持在 80 厘米左右,手掌的高度在腰部最为适宜。

(2) 在握手时,手掌与对方的手应虎口相交,同性间要满掌相握,手掌垂直于地面。掌心如果向下握住对方的手,显示着一个人强烈的支配欲,无声地告诉别人,他此时的地位高人一等,这会带给他人傲慢无礼的感觉;相反,掌心向里握手显示出一个人的谦卑和毕恭毕敬。最自然平等的握手方式应该是两手手掌处于垂直地面的状态。

(3) 握手的力度,应该根据对方的性别、年龄而定,要在对方可接受的范围之内,有被紧握感。

(4) 握手的时间一般 3~5 秒即可,不可长时间握住他人的手,除非是关系十分亲近的人或者是多年不见的、关系密切的老友再次相见。

(5) 握手的同时,目光要注视对方,嘴里要有寒暄或问候的语言。

2. 握手的顺序

(1) 握手需要遵守的是"尊者先伸手"的原则,即职务高的人与职务低的人握手,职务高的人先伸手;社交场合男士与女士握手,女士先伸手;已婚人士和未婚人士握手,应由已婚人士先伸手;年长者与年幼者握手,年长者先伸手;长辈与晚辈握手,长辈先伸手。

(2) 男女士之间的握手,如果是在商务交往的场合,则要遵守"职务高者先伸手"的原则,只要男士的职务比女士高,都应由职务高的男士先伸手。

(3) 当拜访他人时,由主人先伸手,以表示对来访者的欢迎;当离别之时,由拜访者先伸手,表示对主人热情接待的感激。

3. 握手的禁忌

(1) 与他人握手时,为了表示对对方的尊重,不得坐着与他人握手（残疾人士除外）；不得交叉握手；不得手插口袋与他人握手；不得用左手与他人握手；不得戴墨镜、手套、帽子等与他人握手；不得跨门槛握手等。

(2) 男士不得长时间握住女士的手不放，这是对女士极大的不尊重。

（二）鞠躬礼

鞠躬礼是人们日常交往中另一种常用的见面礼节，特别是在我们东方国家，鞠躬礼的运用十分广泛。

1. 鞠躬的规范

行鞠躬礼时，应脱帽立正，身体在保持挺拔站姿的基础上，双脚呈"V"形脚位，以胯部为轴，上身向前倾。男士左手搭放于右手上，左手小拇指落于右手指跟处；女士右手在上左手在下，双臂自然下垂使手掌自然搭放在腹前。鞠躬时注意带上正确的表情，嘴里还要说恰当的语言。

2. 鞠躬的幅度

鞠躬礼一般有 30 度鞠躬、45 度鞠躬、90 度鞠躬几种区分。一般的场合运用 30~45 度的鞠躬即可。当行 30 度鞠躬礼时，鞠躬者目光应落于地面距脚尖约 1.5 米处；当行 45 度鞠躬礼时，鞠躬者目光则应落于地面距脚尖约 1.2 米处。

3. 欠身致意礼与鞠躬礼的区分

人们往往将 15 度的欠身致意礼错误地划归为鞠躬礼，这其实是概念上的混淆。当人们平常见面时，往往会点头微笑致意，这样的致意欠身角度在 15 度左右，这是单独的致意礼节。行欠身致意礼时，双眼应注视交往对象，面带微笑，说着如"您好""早上好"等问候语。欠身致意礼可以向一个人或几个人同时进行施礼。

（三）合十礼

合十礼最早起源于印度，最初仅为佛教徒之间的拜礼，后发展成全民性的见面礼。如今流行于泰国、缅甸、老挝、柬埔寨等佛教国家。行合十礼时，一般是两掌相合，十指伸直，举至胸前，身子略下躬，头微微下低以示虔诚和尊敬。不同身份的人，行此礼的姿势也有所不同。例如，晚辈遇见长辈，行礼时，要双手高举至前额，两掌相合后举至脸部，两拇指靠近鼻尖。男士行礼头要微低，女士行礼除了头微低，还需要右脚向前跨一步，身体略躬。长辈还礼时，只需双手合十放在胸前即可。无论地位多高的人，遇见僧人时都要向僧人行礼，而僧人则不必还礼。

(四) 拥抱礼

1. 拥抱礼的规范

两人面对面站立，身体稍稍前倾，右臂在上，左臂在下，右手环拥对方左肩部位，左手环拥对方右腰部位，彼此头部及上身向左侧相互拥抱。左右各拥抱一次后，再向对方左侧拥抱一次，一共拥抱三个回合。

2. 部分国家的拥抱习俗

在拉美大部分国家，人们性情豪爽、情感外露，喜欢热烈的拥抱，即紧紧拥抱，并在对方肩背上热情地拍打，比如在墨西哥就是如此。在哥伦比亚和阿根廷，拥抱同握手一样普遍，见面时拥抱，分手时也拥抱。在欧洲一部分国家，如意大利、希腊、西班牙，人们也使用这种拥抱礼。俄罗斯民族是个十分热情好客的民族，男性好友见面常先紧紧握手，然后紧紧拥抱。

中东、西欧和非洲有些地区有拥抱肩头或脸颊的习俗。比如在也门，当晚辈拜见长辈时，须用双手紧紧抱住长辈的双肩，并亲吻对方的肩头。在西班牙，男人之间见面时有拥抱肩头的习俗。

在中非、埃塞俄比亚等国还有拥抱脸颊的习惯。在中非，行拥抱礼时要抱住对方的脸往自己的右脸颊上贴一下，左脸颊上贴两下。在埃塞俄比亚，亲友见面时，会搂住对方的肩头，让双方的脸颊多次相碰，接触的次数越多说明双方的关系越亲密。

在跨境商务交往中，可能第一次见面多以握手表示问候，但第二次见面时所行的迎接礼很可能就是拥抱。但在我国，除了外事活动，普通的社交场合一般不拥抱。当然，涉外交往中应注意尊重对方的民族传统和风俗习惯。有的国家和地区的人们，见面时就不喜欢拥抱，比如部分欧洲人、大部分亚洲人，都没有见面拥抱的习惯，会觉得拥抱有些令人尴尬。

二、介绍礼仪规范

在跨境商务交往活动中，我们经常需要认识新的客户或合作伙伴，若想要和不认识的人进一步交往，就需要介绍。介绍是商务交往中一个十分重要的环节，可以说人际交往始于介绍。在商务活动中经常会与新的客户、伙伴打交道，如果将介绍的流程省去，会让见面的初始阶段显得十分尴尬。

（一）介绍的顺序

关于介绍的顺序，其原则是"尊者享有优先知情权"，无论是为他人介绍还是自我介绍，都应遵循这一原则。

在商务交往活动中确定谁是尊者，最重要的要素是"职务"，即职务高者为尊，因此不需要考虑性别和年龄等其他因素。

（二）介绍的类型

介绍一般分为四种：

1. 自我介绍

即向他人说明个人的情况。

2. 介绍他人

介绍他人也叫为他人做介绍。当客户之间不认识，而你跟他们都认识时，你便是第三方，由第三方出面为不相识的双方做介绍，就是为他人做介绍。

3. 集体介绍

需要把某一个单位、某一个集体的情况向其他单位、其他集体或其他人做说明，就是集体介绍。

4. 业务介绍

业务介绍是商务活动中非常重要的一个环节，是商务人士做好业绩、提升企业产品影响力的重要途径。在做业务介绍时要注意以下几点：

（1）介绍的时机。介绍的时机包括时间、地点、场合。在有些地方，是不方便做介绍的。例如，两个客户正投入地交谈时，不便贸然去打断他人的对话。

（2）介绍的主角。介绍的主角，即由谁出面来做介绍，这里要遵循的仍然是"尊者享有优先知情权"的原则，一般由职务低的人首先向职务高的人说明情况。

（3）表达的方式。在介绍的时候需要说什么，怎么去说，都要拿捏好分寸，不可信口开河。

三、自我介绍的礼仪

自我介绍是用得比较多的一种介绍方式。自己主动向他人介绍自己的目的，一是希望对方认识自己，二是希望认识对方，三是表明身份以便更好地开展工作。前面两种是主动型自我介绍，第三种属于被动型自我介绍，是在社交活动中，应其他人的要求，将自己某些方面的具体情况进行一番自我介绍。

在进行自我介绍时，要注意以下几点：

（1）自我介绍的场合及目的。

（2）在做自我介绍的时候，必不可少的信息包括自己的姓名、工作单位以及职务，它们也被称为自我介绍三要素。

（3）介绍自己时的顺序。如果是和自己的领导一起出去，要注意在领导做自我介绍之后再介绍自己，注意职务高低顺序、主客顺序等。

（4）控制自我介绍的时长。做自我介绍的时间要短，一般在 1~1.5 分钟内完成，避免过分夸赞自己，或过分介绍自己。

四、介绍他人的礼仪

在商务交往中，我们更多用到的是为他人做介绍，也就是充当介绍者的角色。在为他人做介绍时，要注意顺序合理、眼神合理、手势合理、距离合理及语言合理。

一是顺序合理。遵循介绍的顺序原则，将地位低的人先介绍给地位高的人，在商务场合中，就是将职务低的人介绍给职务高的人；在普通的社交场合，可以将男士介绍给女士、将晚辈介绍给长辈、将未婚人士介绍给已婚人士等。

二是眼神合理。当介绍他人时，目光要及时与被介绍双方进行对视交流，将目光落在交流者的面部，以体现出对双方的尊重。

三是手势合理。以手掌指示是最基本的礼貌，介绍时将手掌的位置落于被介绍人的胸腰之间，不要对着别人的胸口，也不可低于腰部以下的部位。手掌与地面约呈 135 度角，四指并拢，大拇指微微张开；手掌与手臂在同一条直线上；手臂与地面保持平行；手肘离腋下保持约三个拳头的距离，手势自然大方。另一只手自然垂放于身体的一侧。

四是距离合理。介绍时，介绍者与被介绍人之间一般保持 80 厘米左右的距离，离太远显得漫不经心，靠太近则容易制造尴尬的局面。

五是语言合理。做介绍时，语言要流畅，记清被介绍人的姓名、职务等重要信息，使介绍的过程更加顺畅。

五、为集体做介绍的礼仪

为集体介绍，是我们为他人做介绍时，其中一方或双方不止一人的一种特殊情况。在集体介绍时，不仅要按照顺序介绍双方的总体情况，还要在一方之内按照职级关系依次来介绍这一方所有的成员。

在集体介绍时可以对各方逐一介绍（人数不多或时间较长时采用），也可以只是介绍各方所属部门或单位（人数较多或时间较短时采用）。

需要注意的是，在进行集体介绍时，应当根据活动内容、人员多寡、活动时间长短等要素来选择介绍形式，并不是只要涉及多人就必须进行集体介绍。

六、业务介绍的礼仪

跨境商务交往中，往往因业务需要要向别人介绍本单位的产品、技术及服务等，这便是在进行业务介绍。在进行业务介绍时，需要注意以下三点。

1. 把握时机

对国际贸易业务员或跨境商务人士来说，如何抓住有效的时机进行业务推广与介绍非常重要。例如，当公司推出新产品时，最好避免直截了当地跟客户推荐新的产品，可以先询问客户老产品用得怎么样，然后引出新产品的话题，中间的过渡会让客户比较容易接受。在介绍新产品时，着重介绍新的产品能否给客户带来更大的利益，引起客户的兴趣。最后介绍价格，因为新产品的价位往往会高一些，怕客户先知道价格后会反感。

2. 讲究方式

业务介绍要着重突出产品、服务的独特之处，比如在技术上的优势、过硬的质量保障、周到的后续跟踪服务等，给出足够吸引客户的亮点，引起客户的兴趣。另外，一个很重要的方面是企业业务要保证诚信，否则容易引起投诉或争端，效果适得其反。

3. 尊重对手

在介绍自己的业务时，千万不要诋毁对手单位的产品或业务。可以将重点放在介绍自己业务及产品的优势上，不可用自己的优势诋毁他人的产品。尊重竞争对手，不仅是一种教养，还是做人的一种风度。

【案例】

在一次学术沙龙会上，李先生遇见一位他很敬重的学者，他激动不已，想抓住机会认识一下这位学者。于是不顾这位学者正和其他人谈话，主动上前伸手与学者握手。碍于情面，学者也伸手回应了李先生。此时，李先生觉得应该在他人面前表现出对自己崇拜者最大的敬意，于是在握手时，他用左手盖在对方的手背上，以示亲密，并长时间地握住学者的手不放，寒暄了几分钟。此时，学者已经面露尴尬与不悦之意。

（资料来源：结合网络资料整理）

李先生的做法是否合乎礼仪呢？

点评：

通过本单元的学习，我们已经了解了握手的原则、介绍的礼仪规范等内容。回顾案例，李先生的做法是不符合握手的礼仪规范的。主要原因是：将左手盖在对方手背上，属于"拥抱式"握手，主要用于特别亲密的老朋友之间。这位学者作为李先生很尊敬的人或长者，同其这样握手过于亲热；此外，如前所述，握手的时间一般为 3~5 秒，不宜过长，特别是这位学者还在和其他人谈话，李先生同其握手就更不该用较长的时间。

【知识拓展】

握手礼的由来

由来一：

在远古时代，人们以狩猎为生，因此手上经常拿着石块或棍棒等当作武器。当他们遇见陌生人时，如果大家都无恶意，就要放下手中的石块或木棍，并伸开手掌，让对方抚摸手掌心，表示自己手中没有藏武器，向对方传递自己是安全、友好的信息。随着时代的变迁，这个动作就逐渐演变成了现在的握手礼。握手是我们日常生活中最常用的礼节之一。

由来二：

握手之礼起源于中世纪的欧洲。当时恰是身着戎装的骑士、侠客盛行的时代：人们一个个头顶铜盔，身披铠甲，腰挂利剑，就连双手也罩上了铁套。人们常以这身形象与人见面，但这身打扮常常使人敬而远之。特别是见了亲朋好友，怎能还这般冰冷待人？于是大家又摘去铜盔，脱下铠甲，与亲朋好友握手，表示"我的右手不是用来握剑杀你的"，这便是握手礼之起源。

（资料来源：结合网络资料整理）

单元三　名片位次礼仪

一、名片礼仪

名片是跨境商务人士必备的交流工具之一，是一个人的自我介绍信，也是一个人身份和能力的象征。在很多商务交往场合里，一个没有名片的人，常常被视为没有社会地位的人；一个不会使用名片的人，也会被视为没有社会交往经验的人，可见正确使用名片，可以起到很好的交际效果。作为一名准跨境商务人士，学会正确地交换名片，是进入职场前必备的技能之一。

（一）名片的种类

通常名片分为个人名片、商务名片和单位名片三种类型。

个人名片和商务名片主要是针对名片的拥有者设计内容，一般包括单位名称及所在部门；个人的职务或职称；本人联系的方式，包括单位地址、办公电话、邮政编码等。有些人会在个人名片上提供住宅电话，但无论是个人名片还是商务名片，都不提供个人的家庭住址，这也是将工作与个人生活区分开，是对自己的一种保护。

单位名片主要有两大块内容：一是单位的名称；二是单位的联系方式，主要包括单位地址、单位联系电话、单位传真、邮编等。

要特别注意的是，不管是个人名片还是商务名片，上面列的职务不要太多，一般有一个主要的职务就可，以免给人华而不实的感觉。如果有需要，可以在身上准备几种不同的名片，根据需要标明不同的职务和职称，当面对不同的交往对象时，可以按需要提供不同头衔的名片。这种做法既可以让交往对象顺利找到你，也能帮助你更好地开展自己的业务。

（二）递送名片的礼仪

1. 递送名片的时机

递送名片礼仪

名片是每个人最重要的书面介绍材料，选择在什么时机恰当地递出自己的名片也是有讲究的。

一是希望认识对方时。在你希望认识或结交新的客户时，可以主动递上自己的名片，让对方更好地认识自己，跨出结交对方的第一步。

二是对方提议交换名片时。此时对方应该主动向你递交了名片，并且表达了进一步交往的意愿，出于礼貌和尊重交往对象的考虑，应该递上自己的名片。

三是被介绍给对方。当有介绍人引荐，被介绍给对方时，可以递上自己的名片。

四是初次拜访对方时。初次拜访某人时，最好递上自己的名片，让对方更好地了解自己，方便更进一步的交流。

五是自己的信息有变更时。当自己的一些重要信息变更后，特别是公司信息、职务发生变化时，递上新的名片，方便对方做信息更新。

六是告辞时加深印象。在告辞的时候递送名片，可以使对方加深印象，为下次合作创造机会。

2. 递送名片的顺序

名片递送的顺序有三个原则，即"尊者优先、由近及远和切勿跳跃"。尊者优先，即职务低的人要先向职务高的人递送名片，以便于尊者优先了解自己的情况并做出相应的反应。当自己陪同领导一起出去拜访他人时，要在领导递送出自己的名片后，作为陪同人员的你才可以递出自己的名片，不要抢在领导前头递出自己的名片。当对方不止一个人时，应先将名片递送给职务比较高的人，如果分不清来人的职务高低，可由近及远地递送自己的名片，切记不要跳跃式地递送名片，否则容易引起交往对象的猜测和不满。若递送名片时大家围坐在圆桌周围，则要遵循按顺时针方向递送的原则。中国人认为顺时针是吉利的方向，逆时针有暗示客人早点走的含义，因此不要逆时针递送名片。

3. 递送名片的规范

递送名片给他人时，一般要双手递出名片，如果实在腾不出双手，至少要用右手递名片，尤其在对外交往中，左手递送在很多国家是不被接受的。递送时双手捏住名片的两个上角，名片上的文字要正面朝向对方，便于对方阅读上面的信息。为了表示自己的敬意，名片递送时要面带微笑注视对方，身体略前倾，同时辅以语言，比如"请多多指教""多多联系"等。

（三）接收名片的礼仪

1. 双手接收名片

当对方给你递送名片时，你要起身且用双手接过名片，并表达谢意。接过名片后不要马上随意放置在桌面上，而是要仔细阅读对方的名片，最好还要加以夸赞，比如将对方的名字和头衔或职务念出来。在后面的谈话中可以有意地提到对方的头衔或职务，这样会让对方感觉到你的尊重和重视。

2. 名片的放置

接收对方的名片后，不要在桌面上随手一放，更不能压在杯子底下，或者在对方的名片上写字、记事。名片对商务人士来说就相当于"颜面"，损坏了对方的颜面很容易引起一些不快，或让他人觉得你没有素质。也不要将对方的名片塞进口袋或者丢进包里，而是应该装入专门的名片夹里，或者放入西装内兜好好保存，以示尊重。

3. 回敬名片

当接收了对方的名片之后，要及时回敬对方自己的名片。如果没有带名片，则要及时向对方表示诚恳的歉意。在双方的话题没有结束之前，不要急于将对方的名片放起来。

4. 不要遗忘名片

无论什么场合接收对方的名片，都不要将名片遗忘在桌上，临走时一定要记得带上名片，以示对他人的重视。和对方分开时，可以表达自己会好好保存对方的名片，表示很愿意和对方长期交往。

（四）索要名片的礼仪

1. 交易法

交易法是一种常见的方法，先把自己的名片递送给对方，递送的同时说道："您好，这是我的名片。"一般根据交往规律，对方也会回敬给你名片。

2. 激将法

当自己与对方之间的地位有一定的差距，自己又很希望结交对方时，可以用激将法，但是一定要注意说话的语气，做到委婉、谦虚。比如："尊敬的某某先生，很荣幸认识您，不知是否有幸可以跟您交换一下名片？"出于礼貌，对方一般不会拒绝给出自己的名片。

3. 联络法

即以保持联络为由向对方索要名片。比如可以说"很高兴认识您，不知道怎样和您联系比较方便"，对方听明白了你的意图，自然会递送名片。

（五）名片的管理

（1）当你参加一次活动时，最好详细记录会面的人、事、时、地、物。活动结束后，应整理一下刚刚认识的重要人物，记住对方的姓名、单位、职务、行业等。第二天或过两三天，主动向对方打个电话或发个电邮，表达你能结识对方的高兴之情，或者适当地赞美对方的某个方面，也可以回忆你们愉快的聚会细节，让对方加深对你的印象和了解。

（2）对名片进行分类管理，整理成名片档案。你可以按地域分类，比如：按省份、城市；也可以按行业分类；还可以按人脉资源的性质分类，比如同学、客户、专家等。

（3）养成经常翻看名片的习惯。在空暇时间或工作间隙，翻一下自己整理的名片档案，通过在一些重要节日给对方打一个问候电话、发一个祝福短信等方式，让对方感觉到你的存在和对他的关心与尊重。

（4）定期对名片进行清理。定期将手边所有的名片与相关资料数据做全面的整理，依照关联性、重要性、是否长期互动、使用频率、数据的完整性等标准，将确定已经长时间没有联系且不再需要的名片做销毁处理。

二、位次礼仪

位次，即人们在人际交往中，彼此之间各自所处具体位置的主次顺序。在社会交往活动中，位次的主次之分早已经是约定俗成，大至国家之间的礼宾次序，如果安排不当，可能引发交涉和争端；小至商务活动中位置的排序，若没能恰当安排则可能导致一方的主导性作用无法发挥。在交往活动中，行进、会面、谈判等都有相应的礼仪规则，比如双方会面，主位在什么位置，主席台位置该如何摆放，都是商务人员经常要面对的问题。以上都属于位次礼仪的范畴。

位次礼仪，不仅关乎形式上的先后问题，还是各自的身份、职务、地位的体现，反映了商务交往中双方对彼此的尊重和重视程度。因此我们应该以正确、恰当的位次排列来应对客户，从而树立良好的企业形象，以期加强双方的合作。

（一）行进时的位次礼仪

商务活动中，在陪同、接待来宾或领导时，作为接待引领人员要十分清楚行进中的位次排列顺序。

并行时，遵循"内侧高于外侧、中央高于两侧"的原则，即要让客人或领导走在中央或内侧，引领人员走在外侧；单行行进时，前方高于后方，即若没有特殊情况，应让客人或领导在前面行进。

上下楼梯时，遵循"以右为尊，以高为尊，安全为重"的原则，让宾客上下楼梯都处在高位上。引领者与被引领者相隔2~3个台阶。这主要是考虑到国际通行的位次原则和对方的安全问题。当然在引领过程中要尊重对方意愿，灵活使用原则，比如客人希望你在前面带路而不是重点关注他的安全问题时，作为引领人员要迅速走至客人左前方上方的2~3个台阶处引路。

出入电梯时，分为三种情况，第一种是出入无专人控制的轿厢式电梯时，出于"安全为重"的原则，在进电梯时应由接待或引领人员先进，并且按住电梯的"开"键，有请客人进入电梯，以防止宾客被电梯门夹住。在出电梯时，引领人员按住电梯的"开"键，有请客人先出电梯，而后引领者快速出电梯。第二种是出入有专人控制的轿厢式电梯时，则客人优先进出电梯。第三种是上下平移式电梯时，引导宾客靠右单行站立，引领者出于替宾客安全的考虑，有礼貌地站在最后方与宾客同乘电梯。

出入房门时，若没有特殊原因，标准的做法是职务高者先进或先出房门。

如有特殊情况，比如需要引导或室内灯光昏暗时，则标准的做法是，陪同接待人员先进，为客人开灯、开门，做好各类服务工作；出门的时候，也是陪同接待人员先出，为客人拉门引导。

（二）会客时的位次礼仪

会见客人时，应当恭请来宾入座于尊位。在商务场合和国际交往中，一般需要遵循国际惯例，即"以右为尊"。在商务会客时，常有以下几种安排：

1. 相对式

主宾双方相对而坐的方式多用于公务性会客，此种方式双方距离较远，显得公事公办。具体可分为以下两种情况：

第一种情况是，双方入座后，一方面对正门，另一方则背对正门，此时应遵循"面门为上"的原则，即面对正门之座为上位，应请客人就座，背对正门座位宜由主人就座。

第二种情况是，双方面对面落座于室内的两侧，一方在左，另一方在右，则根据"以右为尊"的原则，客人落座于进门后右侧的位置，为上座，主人落座于进门后左侧的位置。

2. 并列式

会客时，如果主宾并列而坐，则显示相互关系比较密切或暗示双方地位相仿可以平起平坐。它的两种情况分别是：

第一种是双方一同面门而坐，此时讲究"居中为上、以右为上"，即主人坐进门后中间左侧的侧位，宜请客人就座在自己的右侧尊位上。如果双方不止一人时，双方的其他人员可各自分别在主人或主宾的侧位按职务高低依次就座。

第二种是主宾双方一同在室内的一侧就座，此时应"以远为上"，即让客人坐在离门较远的尊位上，主人坐在距离门较近的位置。

3. 居中式

居中式排列，其实是并列式排列的一种，是指多人并排就座时，讲究"居中为上"，以居于中央的位置为上座，请客人就座，主方人员坐于客人两侧。

4. 主席式

主席式主要适用于在正式场合由主人一方同时会见两方或两方以上的客人。此时，一般应由主人面对正门而坐，其他各方来宾则应在其对面背门而坐。这种安排犹如主人正在主持会议，故称为主席式。有时，主人也可坐在长桌或椭圆桌的尽头，而请其各方客人就座于两侧。

5. 自由式

在一些商务场合，当进行多方会面时，各方均不分主次、不讲位次，一律自由择座，称为自由式。

（三）合影时的位次礼仪

在正式的商务场合，合影是必不可少的环节，宾主双方通常要合影以表纪念。尤其在涉外交往中，合影更是常见。然而，在合影中宾主如何排位，是一个比较复杂的问题。

1. 国内合影的排位

国内合影时的排位，一般讲究"居前为上、居中为上、居左为上"。具体来看，又有单数与双数的区别。通常，合影时主方人员居右，客方人员居左，以示尊重。当合影的人数为单数时，居正中的一般是主宾，居正中主宾的左边为主方，然后依照"主左宾右"的原则依次排列；当合影人数为双数时，面对镜头，按左边为单数、右边为双数来排座位，一般不容易出错。

2. 涉外合影的排位

依国际惯例，宜令主人居中，主宾居右，令双方人员按"主左宾右"依次排开。简言之，就是讲究"以右为尊"。

【案例】

> 2018年4月，A城举行春季商品交易会，各方厂家云集，企业家们济济一堂。星新公司的张总经理在交易会上听说华诚集团的霍董事长也来了，想利用这个机会认识这位素未谋面又久仰大名的商界名人。午餐会上他们终于见面了，张总彬彬有礼地走上前去。"霍董事长，您好，我是星新公司的总经理，我叫张路，这是我的名片。"说着，便从随身携带的公文包里拿出名片，递给了对方。霍董事长显然还沉浸在之前与人谈话中，他顺手接过张路的名片，"你好。"草草地看过，便放在了一边的桌子上。张总在一旁等了一会儿，并未见霍董事长有交换名片的意思，便失望地走开了……
>
> （资料来源：结合网络资料整理）

张总失望地走开的原因是什么呢？

点评：

商务人士经常会参加一些社交活动，例如，参加商品交易会等，这时出于各种社交目的，商务人士必然会有结识一些新的商务伙伴的需求。这时，名片就发挥了重要的桥梁作用，名片也像商务人士的"脸面"一样，应该得到重视和尊重。案例中的霍董事长显然没有重视张总的感受，将张总的"脸面"随手放在桌面上，且没有认真拜读，更别说与张总有礼貌地回应与交流。这样失礼的行为容易使别人觉得，霍董事长虽然是商界名人，但心气高傲，不容易相处，不屑与一般的公司打交道，这可能会导致霍董事长失去一些新的商业发展机遇。

【知识拓展】

以左为尊，还是以右为尊？

在国内的一些政务交往中，往往采用中国的传统做法，"以左为尊"。比如国家的一些政务会议、军事会议，国企内部的大型会议等，都以左侧为上座。

其实，从古至今，"尊左"还是"尊右"并不是一成不变的，有年代和地域的区别，目前仍存在争议。从东汉至隋唐、两宋，我国逐渐形成了"以左为尊"的制度。这时期，左仆射高于右仆射，左丞相高于右丞相。元朝建立后，一改旧制，规定"以右为尊"，当时的右丞相便在左丞相之上。朱元璋建立明朝，复改"以左为尊"，此制为明、清两代沿用了五百多年。现在在戏剧舞台上表演古典剧目，客人、尊长总是坐在主人、幼辈的左侧，就是明朝尚"左"礼仪的体现。

之所以如此，是因为古人习惯坐北朝南，则左为东，右为西，故座次上"以左为尊"。据《史记·魏公子列传》所载，信陵君为迎接夷门侯生，大办酒宴会宾客。并"从车骑，虚左"，亲自前去迎接。

现在普遍认同的观点是：在国际交往、商务涉外交往中，是"以右为尊"；而在国家的政务会议、国企内部大型会议中，是"以左为尊"。

（资料来源：结合网络资料整理）

单元四　商务沟通礼仪

跨境商务交往活动中，贯穿始终的是言语沟通。语言是人们与他人交流信息、沟通情感的重要媒介。商务人士在与交往对象进行沟通交流的过程中，其言谈举止是影响其工作绩效的重要因素之一，言语也是一个人思想水平的外在表现。

一、礼貌倾听

倾听是听话者以积极的态度，认真、专注地听取讲话者的陈述，观察讲话者的行为举止，对讲话者做出反应，从而促使讲话者全面、清晰、准确地阐述，并从中获得有用信息的一种行为过程。

（一）倾听的礼仪

1. 专注

商务交往会谈中，参与人员的头脑必须时刻保持清醒，精神状态要集中。据有关研究资料显示，正常人最多只能记住他当场所听内容的 60%～70%，如果不专心，记住的就更少。因此，倾听别人讲话时一定要全神贯注，努力排除环境及自身因素的干扰。

2. 关注对方的说话方式

对方的措辞、语音、语气、语调，都可能传递了某种信息，认真加以观察意，也许可以弄懂对方的"言下之意"，真正理解对方传递的全部信息。

3. 学会察言观色

倾听者首先是通过自己的感官接收对方的信息，其经过处理输出的结果则是"耳到，眼到、心到、脑到"四个方面的综合效应。因此"听"不仅是用耳朵去听，还要用眼睛观察，用自己的心去为对方的话语做设身处地的构想，并用自己的脑子去研究判断对方话语背后的动机，这就是我们说的会察言观色。

4. 适时反馈

通过某些恰当的方式，用眼神和表情表达赞许、兴奋或鼓励对方说下去；用"嗯""是啊""这样啊"等言语表达自己正在用耳倾听、用脑思考。用"我能再请教下您刚刚说的那个问题吗"来表达自己的感受和态度等。

5. 学会忍耐

对于难以理解或不太认同的话题，不能避而不听，尤其是当对方说出让自己不爱听，甚至触怒自己的话时，只要对方未表示说完，都不可打断对方的讲话，更不能离席或反击，那将是回应极大的失礼之举。对于不能马上回答的问题，要努力弄清其意图，不要匆忙回应，要寻求其他办法解决。

6. 保持虚心

最高明的"听众"是善于向别人请教的人。他们能够用一切机会博采众长，丰富自己，还能够留给别人彬彬有礼的良好印象。为了表明听者对对方所谈内容的关心、理解和重视，可以适时发问，提出一两个对方擅长而自己又不熟悉的问题，请求对方更清晰地加以说明或解答，这样做往往会令谈话者受到鼓励。但向人请教不能避实就虚、强人所难，对方不愿回答的问题不要追问。

7. 保持耐心

有时双方聊起的话题，自己不感兴趣，但对方却兴致很浓，出于对对方的尊重，应保持耐心，不要轻易打断或插话，尽量让对方把话讲完，也不要反对、反驳对方。如果确实需要插话或打断对方谈话时，应先征得对方的同意，用商量的口气询问"请允许我打断一下"或"我提个问题好吗"，既可以转移话题又不失礼貌。

8. 要细心

听人谈话还要足够的敏感。注意听清对方话语的内在含义和主要思想观点，不要过多地考虑对方的谈话技巧和语言水平，不要被枝节问题影响。

（二）倾听礼仪的注意点

（1）倾听他人说话时，要注意与说话者保持正确、礼貌的目光交流，利用表情、手势等肢体语言表现出对说话者的专注和尊者。比如倾听者可以用点头或摇头等肢体语言表达同意或不理解等，同时配合一定的语言如"是的""好啊"等给予对方反馈，使交谈顺利开展。

（2）倾听他人说话时，要避免使用消极的身体语言，如扑朔迷离的眼神，要么始终不看对方要么直勾勾看着对方，经常看手表或者玩弄手里的笔等。对方说话时，不要突然开始说无关的问题，也不要随意反驳、指责，使交谈陷入尴尬的境地。

二、礼貌表达

在跨境商务沟通过程中，除了扮演一个倾听者的角色，还要成为一个表达者，也就是我们除了会"听"，还要会"说"。

第一，讲话时，要学会多使用礼貌的语言。跨境商务人员最常使用的礼貌用语有："您""您好""谢谢""请""对不起""再见"，也就是人们常说的"人际交往十一字金言"。有些特殊岗位还有一些专门的礼貌用语，跨境商务人员要牢记，并且做到熟练掌握和灵活应用。

模块二　商务接待礼仪

第二，根据称谓礼仪的使用原则，跨境商务人士应该视交往对象的身份以及场合的不同，选择合适、礼貌的称谓。比如，可以按职业称呼对方老师、医生、律师等；按职务可以称呼对方局长、董事长、主任等。这里的内容已经在上文"称呼礼仪"中有所呈现，这里不再赘述。需要注意的是，跨境商务人士在称呼客人时，使用"大姐""阿姨""大叔"等称谓时，可以很容易拉近彼此的距离，使客人感到亲切。但如果用"张哥""李姐"这样的称谓来称呼同事，会失去正式感，传达给客人的是"这个单位很不正规"的信息，因此不太适宜在正式商务交往场合使用这样的称谓称呼同事。在工作场合，还忌讳用绰号称呼他人，显得十分不礼貌。

第三，在商务交往活动中，可以恰当地使用一些约定俗成的、表示恭敬的词语，比如客人到来说"光临"、中途先走说"失陪"、起身作别说"告辞"、请人批评说"指教"、托人办事说"拜托"、请人帮助说"劳驾"、麻烦别人说"打扰"、求人谅解说"包涵"等。

第四，讲话时要选择合适的话题，尽可能谈论双方商定的话题。当然，为了增进情感，在交谈中可能会进行闲聊，这时可以选择双方都感兴趣的话题或时尚休闲的话题。交谈时，注意避免谈及对方的个人隐私，也不要议论他人的缺点、错误，不要诋毁竞争对手，更不要谈论宗教信仰及一些有倾向性错误的内容，不要议论党、政府及国家领导人。

第五，交谈的内容要简明扼要、重点突出，语言组织具有逻辑性，不要废话连篇、不知所云。交谈过程中要注意观察对方的反应，对方不感兴趣或有反感的表现时要适可而止；对对方提出的问题要耐心做解释或换个方式再讲一遍。

第六，在商务交谈中，参加人员要保持端庄、稳重的仪态，不要用手指指向他人，也不要站无站相、坐无坐相。手中不要做一些无意识的小动作，比如转笔、抖腿等。说话时的表情要与讲话内容相协调，注意说话的语音、语速、语气、语调要恰当，并随着内容的变化而变化。

第七，商务交流沟通时，要注意合理地控制交谈时间，不要拖延、浪费他人时间。

【案例】

乔·库尔曼在29岁时就已经成为美国薪水最高的推销员之一。他在其25年的推销生涯中销售了4万份寿险，平均每天5份。除了吃苦耐劳和能说会道，库尔曼还有一个宝贵的经验，那就是学会倾听。"您是怎么开始您的事业的？"仅此一句话，就消除了人们对销售员的戒备心。每个人都有表达自己的欲望，都希望讲述自己的想法、经历、理想，甚至委屈、悲伤，以期待得到他人的理解和尊重，倾听本身就是褒奖对方的一种方式。耐心倾听，等于告诉说话的人："你是一个值得我倾听的人。"在提高对方自尊心的同时加深了对方对自己的好感和信任，从而有利于双方的交往。

　　在交谈过程中，每个人既是言者，又是听者。有一句名言说得好："善言，能赢得听众；善听，才会赢得朋友。"如果不是从演说家的职业需要考虑，而是从人际交往的目的考虑，善听往往比善言更重要。认真倾听别人的谈话是对谈话者的尊重，对方因而会把你视为知音。可以说，诉说是人的一种天性，而倾听则是一种修养、一种美德，也是交谈成功的一个要诀。推销员乔·库尔曼的成功可以归之于这个不可忽视的因素——倾听，这是获得客户好感的一种简单方式。在商务交往中，商务人士善于倾听，不仅容易获得客户好感，也为赢得业务、走向成功打开了一扇门。

（资料来源：结合网络资料整理）

【知识拓展】

倾听的五个阶段

倾听是一个复杂的心理过程，包含了下列五个阶段：

接收→理解→记忆→评估→反应。

1. 接收信息是倾听的第一个阶段，也就是由感觉器官接收外界的刺激。倾听不仅包含接收对方传达的言语内容，还包含注意对方的非语言信息。

2. 理解信息是倾听的第二个阶段，也就是了解对方传达信息的意义。除了必须注意对方表达的意见和想法，还必须关注对方言谈时的情绪状态。

3. 记忆信息是倾听的第三个阶段，即将我们所接收与理解的信息会停留在脑海中一段时间。人们的记忆，并不是信息的完全复制品，而是以自己的方式，重新建构所接收到的信息。

4. 评估信息是倾听的第四个阶段，即判断说话者内心的意图。人们除了必须理解、记忆说者所传达信息的表面意义，还必须进一步推测这些信息的潜藏意义。

5. 反应是倾听过程中十分重要的一个阶段，说话者会根据倾听者的反应来检查自己的行为，从而知道自己所说的是否被准确接收和正确理解，然后做出适当的调整，这样会更加有利于倾听者的倾听。

（资料来源：结合网络资料整理）

单元五　参观礼仪

随着我国经济的发展，来我国投资的外资企业不断增多，国内优秀企业也不断涌现。许多企业在进行各种形式的合作之前，都会先参观一下目标伙伴的企业或公司，以便了解对方各方面的情况，做出正确的合作决策。与此相对应的外事交往、企业接待工作也日益频繁。本单元的主要内容是合作伙伴企业来本单位参观时的接待礼仪。

伙伴企业来本单位参观，如果你想让你的做法使对方感觉你足够重视他们，需提前派专人负责精心安排，指定陪同人员，确定参观的基本议程，并提前做好所需参观之处的环境卫生及相关事宜的安排准备。

当伙伴企业来参观公司或企业时，本单位的日常工作可以正常进行，不能刻意停工接待，让对方无法看到本单位真实的工作状况，从而影响他们对是否进行合作做出有效判断。有的单位为了表示自己的热情，在伙伴企业来参观时，如果是国内企业，可以悬挂标语或在电子屏投放欢迎词，如"欢迎×××代表团莅临参观指导"。若是国外的企业或公司，则不要悬挂标语，更不要夸张地悬挂对方的头像，这样容易弄巧成拙，引起外宾的反感。

商务场合的接待，一般如果涉及重要的经济合作关系，或者接待方想充分表达对来访者的尊重及重视，则不管国外宾客还是国内宾客，都会由接待方的领导亲自陪同，且接待的领导等级要与来访者对等。接待方要指派一名聪明、干练的助手作为本次参观导游的负责人，提前规划好参观游览的路线，做好指示标识。一般参观的线路设计讲究不走回头路，所有的安排要显得井井有条，以体现接待单位的气魄和风度。接待的主要领导者一般不去当导游，且陪同参观的人数应当适中，以免影响本单位其他工作。所有陪同之人一般不能中途退场，否则容易造成误解。如有特殊情况要离开时，需婉转地向来访者解释清楚，擅自离开陪同队伍是十分无礼的举动。

陪同的导游人员在游览参观过程中，一般是一边引导参观一边向来宾介绍情况。本单位的主要战略思想等重要内容须由陪同的领导（含主要领导）亲自来介绍。在参观介绍时，要简明生动、实事求是，不可吹嘘或夸大其辞。如果给来宾留下弄虚作假的印象，将在很大程度上影响合作。其他陪同人员要对游览的内容做到熟悉了解、心中有数，当来宾主动交谈、提问、握手时，做到热情相迎、耐心回应，不可拒之不理。

接待方在参观游览过程中，不可自己一味夸赞自己，应时时照顾到来宾的反应及情绪，言语表达要使来宾真切感受到主办方的真诚。当来宾发出提问时，尤其是提出一些较尖锐或较敏感的问题时，可以冷静、幽默地笑而相答，或者巧妙地转移话题。要注意交谈时的语气、语调，切勿流露出反感的情绪。对于一些原则性问题，可以慎重相告，不可随便答复。当面对来访的外宾时，要慎谈行业机密、国家机密等。

在参观过程中，难免会有一些来宾因对个别的内容十分感兴趣而停留时间过长的，此时接待方需要敏锐观察，并派专人陪同，做到全面照顾。

一般在参观的沿途以及参观结束时，常会设置拍照环节。在同来宾一起拍照时不要回避或躲闪，应大方自然地接受合影。在拍照留念时还要注意拍照的位次排列等。

综合引领

【案例】

小徐是公司的业务员，这天他得知有几位比较重要的客人要来公司。经理让小徐负责接待任务，并且要安排客人参观下属公司的生产车间。接到任务的小徐信心满满，跟经理保证能顺利完成任务。

之后小徐便开始筹备接待工作，准备会见的场地、鲜花，一切都井井有条。然而小徐忘记去下属公司进行实地踩点，设计参观路线，结果尴尬的事发生了。参观当天，因为对路线缺乏规划，参观团队先后两次被带着绕圈子并走了回头路，小徐看到了经理脸上的尴尬和客人脸上的不悦。

（资料来源：结合网络资料整理）

是什么原因让原本应该圆满的接待活动最终以失败告终呢？

点评：

想要做好接待工作，需要将接待过程中可能出现的所有场景都考虑周全，并做出细致地安排。即使是参观自己十分熟悉的场所，也要考虑可能会出现的各种意外情况，要事先将路线熟悉几遍，并且路线的设计要具有特色，不走回头路。显然，案例中的小徐就是在路线设计上欠缺实地考察，领着客人兜圈子，让客人觉得公司对他们的接待很草率，缺乏诚意，因而很容易产生不满。

【知识拓展】

公司接待客户参观考察的流程设计可参考图2-1。

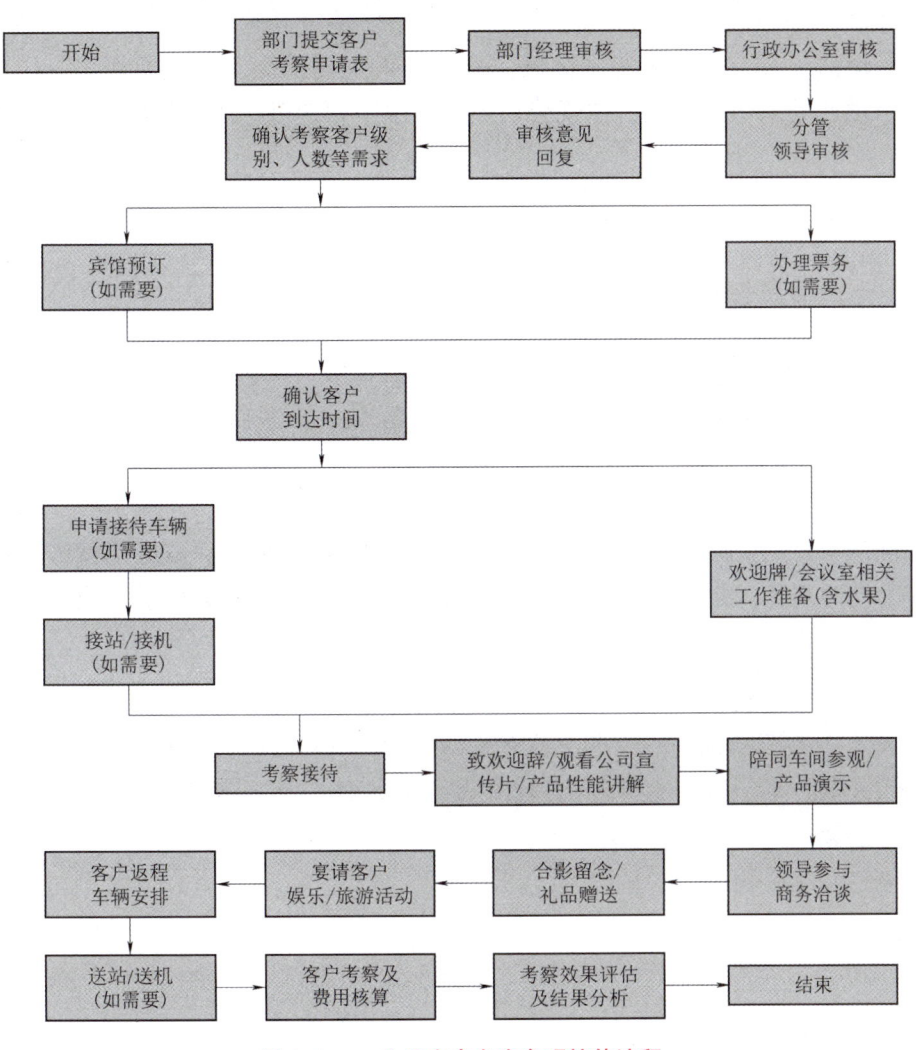

```
开始 → 部门提交客户考察申请表 → 部门经理审核 → 行政办公室审核
                                                    ↓
确认考察客户级别、人数等需求 ← 审核意见回复 ← 分管领导审核
    ↓
宾馆预订（如需要）              办理票务（如需要）
                ↓
            确认客户到达时间
                ↓
申请接待车辆（如需要）          欢迎牌/会议室相关工作准备（含水果）
    ↓
接站/接机（如需要）
    ↓
考察接待 → 致欢迎辞/观看公司宣传片/产品性能讲解 → 陪同车间参观/产品演示
                                                        ↓
客户返程车辆安排 ← 宴请客户娱乐/旅游活动 ← 合影留念/礼品赠送 ← 领导参与商务洽谈
    ↓
送站/送机（如需要） → 客户考察及费用核算 → 考察效果评估及结果分析 → 结束
```

图2-1　××公司客户考察参观接待流程

单元六　接机入住礼仪

跨境商务人士如果被安排接机，就要为来宾提供优质的接机服务，以向来宾表示欢迎其来访的诚意，体现公司的专业水平和希望达成合作的意向。

一、接机前的准备

（一）信息搜集

接机人员要想做好接机服务，收到相关信息后，要及时与部门负责人沟通，对来宾信息进行确认，了解清楚接机对象、人数、主要联系人姓名（职务、称谓）、性别、联系方式、入住酒店、飞机落地时间等。如人数超过4人，则需了解行李数量，以便安排合适车辆及驾驶员，规划行车路线。

确认信息后及时发送接机短信给来宾，以使来宾安心，知道接待方已做好安排，同时将当地近5天的天气信息截图发给来宾，以便来宾了解当地气候变化。短信内容可以如下：

尊敬的×总：您好！

　　我是××公司××部×××，您乘坐的××××航空××××××（航班号），预计××××年××月××日××：××到达××，届时将由我和工作人员到机场接您，我的电话：×××××××××××。

　　祝您旅途愉快！

××公司×××
××××年××月××日

（二）出车前的检查

（1）接机人员要安排驾驶员对车辆进行例行检查，包括油量、胎压、刹车、仪表盘等部位，逐一排查，务必保证车辆处于可安全行驶的状态。

（2）对车辆的外观及内饰进行检查，做到车身及玻璃洁净，车内无垃圾、无烟灰、无异味，座椅干净整洁。

（3）对车内物资进行检查，比如准备好矿泉水、纸巾、雨伞、小茶点等物品。

（4）检查自己的仪容仪表，接待重要来宾，最好着职业装，保持衣着整洁，仪容清爽干净，落落大方。

（5）如接机来宾是陌生来宾，请准备好接机牌或海报，清楚、正确地写出来宾姓名，飞机抵达时便可由接待人员拿举，以吸引来宾的注意（不认识的客人提前准备照片）。

接机牌可以按以下模板制作：

来宾公司名称（大字）

客户姓名+职务称谓或姓+先生/女士（大字）

本公司（小字）

（三）提前等候

通过网络或者相关软件随时关注航班信息，确认航班准确的抵达时间，查询接机时的道路情况，及时规划好路线，避开拥堵路段，确保至少提前半小时到达机场。如因不可抗力迟到或不能准时到达，需提前准备好预案，并且在来宾飞机落地后能电话联系上时，及时与客户致歉并说明情况，告知相应的解决办法。接机时出现的特殊情况，还要及时与部门负责人联系并告知。

二、接机中的服务

（一）确认身份，礼貌介绍

飞机抵达后，及时主动地电话联系来宾，告知自己已经到达机场等待来宾的到来，将在哪个位置等候迎接，或发送接机短信"尊敬的××领导您好，我是××公司×××，负责您此次的出行接机，我已到达机场，在××出口等候您"。随后注意观察抵达客流，及时发现客户并主动招呼。接待陌生客户时可以在比较显眼的位置展示接机牌，以便客户辨识。

如果接机的对象是外宾，要提前了解外宾所在国家的一些基础见面礼节，以便自我介绍后胸有成竹地应对各种场面。例如，西方人在初次见面时的礼节习惯是拥抱，可能还会亲吻脸颊，接机人员应坦然接受，大方应对。而东方人，尤其是日本人礼节较多，在初次见面时可能会送一份见面礼，接机人员在面对这样的来宾最好预先准备手提袋，以免手足无措。

当公司领导陪同一起过来接机时，要记得先将公司领导介绍给来宾才不违背介绍礼仪中的"尊者享有优先知情权"的原则。

（二）主动服务

接到客人后，对熟悉的来宾，可以主动上前接过来宾手中的大件行李（公文包、手提包之类的贴身行李除外，因为里面可能装着来宾的重要物品），在来宾的左前方距离1米左右引导来宾前往停车处，到达车身前主动上前打开车门，让来宾先上车就座，待来宾上车后再放置行李。对陌生的来宾，需首先确认来宾身份，并进行自我介绍，可以进行礼貌性的寒暄，例如，"旅途辛苦啦，欢迎来到××城市"，之后在征询来宾同意的情况下，接过来宾手中的大件行李，再引导来宾前往停车处。

上车后，对有饮水需求的来宾，主动递上矿泉水或纸巾等。来宾接到后需要直接送到公司办公室的，要及时与部门负责人联系，告知来宾已接到，预计几点到达公司。然后主动告知来宾现在要去的地点，或咨询来宾意欲前往的地点，同时告知大概的行程及需要的时间。可根据车内温度情况适当地打开窗户通风换气或打开空调，播放轻柔的音乐。

可视来宾的情况或交流意愿，适当地与客人做一些简单的互动，如询问旅程是否顺利，近期天气如何。若来宾间自行交流，则尽量不插话。若来宾询问，需热情、客观地回答。

三、入住交接礼仪

当来宾到达入住酒店，车停好后要先下车为来宾打开车门，然后拿行李，带来宾到酒店前台登记并办理入住手续。房间需在接到接机任务时便根据来宾信息提前做好预订，并根据人数、性别、年龄等基本信息大致做好分房的安排。

房间登记好之后，如果来宾需要，可帮来宾把行李送到房间，如果来宾推辞，则不必勉强。简单告知来宾后续的行程安排后，可以礼貌地让来宾先行休息，并告知接下来会在哪个时间点、哪个地方接来宾进行下一项的活动，而后礼貌地告辞离开酒店。

【案例】

> 初到公司不久的小蒋被安排去机场接一位来公司参观的外国宾客。由于接待经验不足，小蒋没有做好充分的准备就出发了。因出发时间处于下班高峰期，小蒋没有提前规划路线，结果宾客在机场足足等了他15分钟。小蒋不认识客人，不仅没有提前准备宾客的照片，也没有准备接机牌，到达机场的小蒋也没有办法让宾客认出他来，着急的小蒋担心宾客等太久，便在机场大声喊起了宾客的姓名，引来很多人的回头，最终的结果是宾客一脸尴尬和不情愿地站在了小蒋面前。
>
> （资料来源：结合网络资料整理）

小蒋的接机任务是一次失败的经历，他的失败带给我们什么启示呢？

点评：

要想表现出对宾客足够的重视，接机时的细节要安排得十分周到。从接机车子的检查，到飞机是否准点落地，再到飞机落地时对宾客的短信提醒以及提前到达接机口等候宾客等，都需要提前做好规划安排。案例中的小蒋，首先因缺乏经验，思想上没有充分重视起本次的接机任务；其次在时间把控方面做得不均，让宾客等他15分钟是十分失礼的；再次，在公共场合大喊大叫的行为让宾客觉得十分尴尬。这些都告诉我们，提前规划、提前出发是接机工作非常重要的步骤。

【知识拓展】

送客礼仪

前面我们讲的是机场迎接宾客的礼仪，这里我们要介绍一下送客礼仪。

如客人提出告辞时，主人要等客人起身后再站起来相送，切忌没等客人起身，自己先于客人起立相送，这是很不礼貌的。若客人提出告辞，主人仍端坐办公桌前，嘴里说着"再见"，手中却还忙着自己的事，甚至连眼神也没有移到客人身上，更是不礼貌的行为。

"出迎三步，身送七步"是迎送宾客最基本的礼仪。因此，每次见面结束，都要以将"再次见面"的心情来恭送对方。

通常当客人起身告辞时，主人应马上站起来，主动为客人取下衣帽，与客人握手告别，同时选择最合适的言词送别，如"希望下次再来"等礼貌用语。尤其对初次来访的客人更应热情、周到、细致。当客人带有较多或较重的物品，送客时应帮客人代提重物。

与客人在门口、电梯口或汽车旁告别时，要与客人握手，目送客人上车或离开。要以恭敬真诚的态度，笑容可掬地送客，不要急于返回，应鞠躬挥手致意，待客人离开视线后，才可结束告别仪式。

（资料来源：结合网络资料整理）

【知识检测】

一、判断题

1. 遇到老年外国女游客，我们不知其婚否，应该称呼她为太太。（   ）
2. 初次接待客人时，为了更快地了解对方情况，可以问下对方的年龄及收入情况。（   ）
3. 只要关系很熟，在工作场合可以叫对方绰号。（   ）
4. 只要可以拉近关系，适当的时候可以使用口语化的交流方式。（   ）

二、选择题

1. 下列不属于握手禁忌的是（   ）。
   A. 用左手去握别人的手　　　　B. 握手时将另一只手插在衣袋里
   C. 握手时仅仅握住别人的手指尖　　D. 平辈之间，先出手为敬

跨境商务礼仪

2. 介绍他人时，不符合礼仪的先后顺序的是（　　）。
A. 将晚辈介绍给长辈　　　　　　　B. 将男士介绍给女士
C. 将已婚者介绍给未婚者　　　　　D. 将主人介绍给来宾

3. 呈递名片时，下面哪项做法是不正确的（　　）。
A. 名片正面朝向接受方　　　　　　B. 双手拿着名片两个上角
C. 右手拿着名片上角　　　　　　　D. 左手拿着名片上角

4. 相对式排列时（　　）。
A. 以右为尊　　　　　　　　　　　B. 以左为尊
C. 以外为尊　　　　　　　　　　　D. 以内为尊

【能力训练】

1. 以小组为单位，进行介绍他人的情景演练，每个人都要做一次介绍人，小组成员之间相互点评。

2. 根据参观路线设计原则，请以自己所在学校为参观目标，设计一条参观路线，并设计导游词。

3. 请以所在学校为起点，规划设计一个接机方案，要求明确到具体的接机时间和路线规划，宾客接到后直接送达指定酒店入住。接机方案要以报告形式呈现。

模块三

商务洽谈礼仪

模块三　商务洽谈礼仪

【学习目标】

知识目标
- 掌握电话礼仪的基本要求。
- 掌握电子邮件和社交软件的使用礼仪。
- 了解商务谈判礼仪的含义和作用。

能力目标
- 能够礼貌地使用电话与客户进行沟通。
- 学会使用电子邮件和社交软件洽谈的技巧。
- 能够熟练运用谈判和签约的礼仪。

素质目标
- 培养良好的客户服务意识。
- 培养爱岗敬业的职业态度。

【思维导图】

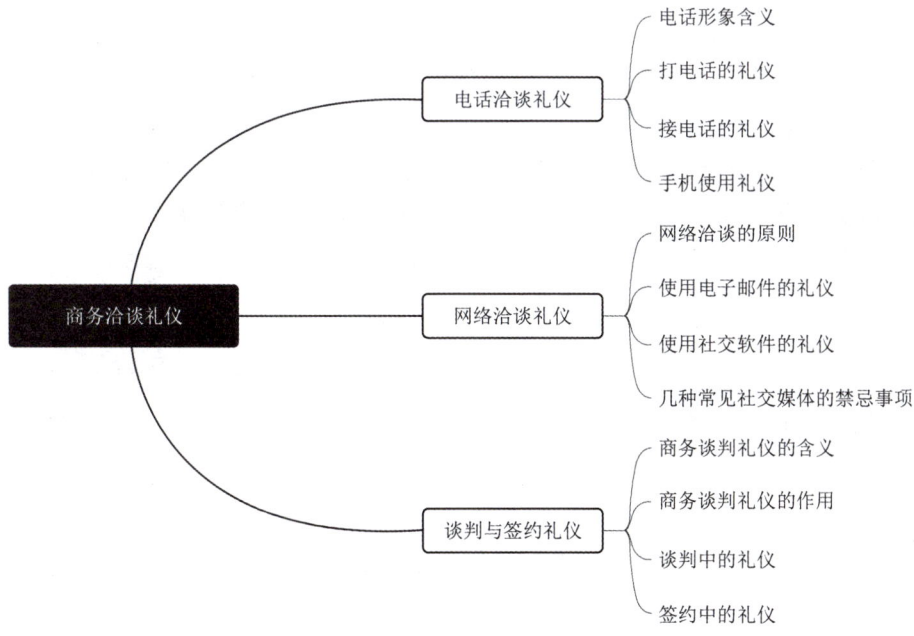

商务洽谈礼仪
- 电话洽谈礼仪
  - 电话形象含义
  - 打电话的礼仪
  - 接电话的礼仪
  - 手机使用礼仪
- 网络洽谈礼仪
  - 网络洽谈的原则
  - 使用电子邮件的礼仪
  - 使用社交软件的礼仪
  - 几种常见社交媒体的禁忌事项
- 谈判与签约礼仪
  - 商务谈判礼仪的含义
  - 商务谈判礼仪的作用
  - 谈判中的礼仪
  - 签约中的礼仪

【模块背景】

与客户的沟通洽谈有多种方式，电话、网络或者面对面，不同的方式对应不同的商务礼仪。佳明在美国客户到来之前，通过电话、网络与客户进行了多次洽谈，敲定行程、做好合作谈判和签约准备，其得体的礼仪和耐心的服务给客户留下了良好的印象。

单元一　电话洽谈礼仪

电话是商务人士进行沟通洽谈的重要工具。尤其是对跨境商务人员而言，由于交易双方很少见面，电话的重要性往往更加凸显。所谓电话礼仪其实就是在电话沟通洽谈过程中的一些标准化做法。

一、电话形象含义

对商务人士而言，电话不仅是一种传递信息的工具，也是展示企业形象的手段。在商务交往中，商务人士在与客户进行直接通话时，实际上是在为通话者本人和其所在公司树立形象。作为跨境商务人士，很多时候，我们跟客户沟通，未必亲自见面，往往是先打电话。一个电话打过去，彼此如果印象好，没准一单生意就签下来了。如果印象不好，就可能没有下文了。从这个意义上来讲，跨境商务人士要有电话形象的意识。

电话形象，通常是由以下三个要素构成：

其一，时间空间的选择。就是电话应该什么时间打，在哪里打。

其二，通话的态度。指的是通话时你的语言、你的表情、你的动作。

其三，通话的内容。即通话时你说什么。

这三个要素，时间空间的选择、通话的态度以及通话的内容能真实地反映跨境商务人士的个人素质、商务专业水平和所在公司的整体水平。因此，通话行为是否得当，直接影响着公司的形象和利益。

二、打电话的礼仪

1. 合适的通话时间

跨境电话预约的重要性

要想确保所打电话的沟通质量，就要注意时间的选择，不要在别人不方便接电话的时间段拨打。

商务电话尽量在上班时间内拨打。可选择在对方上班后 20 分钟到下班前 30 分钟的时间内拨打，这样既不会影响对方一天工作的准备，也给对方留出时间进行一天业务的总结和收尾。

休息时间最好别打电话。除非万不得已，晚上 10 点之后，早上 7 点之前，以及中午吃饭时间和节假日，不要打电话谈公事。万一有急事需要打电话，你第一句要说的话应该是为打扰对方说声对不起，请求对方的原谅，否则就太令人生厌了。

电话打多长时间为好呢？从互相尊重这个角度来讲，通话时间宜短不宜长。

国际上有一个电话礼仪通用规则，叫作"通话三分钟法则"。就是你跟他人通话时，每次的时间应该有效地控制在三分钟之内。这倒不是说让你掐着表，或者每次通话之前定好闹钟，到三分钟就打住，而是要求你"长话短说，废话不说，没话别说"。如果预估通话时间过长，应该首先说出需要解决的问题，并且询问对方是否方便通话。如果对方不方便，应和对方另约一个时间。

此外，还要注意，如果是外国人，尤其是对方住在美国、欧洲这样距离较远的国家，打电话要考虑时差的问题。例如，英国与中国的时差为8小时（夏令时7小时），早上10点是中国的正常办公时间，但英国此时正是深夜时分，如果这个时候拨打业务电话，是非常不礼貌的行为。

2. 合适的空间选择

一般来讲，私人电话是在自己家里打的，办公电话则是在办公室打的。如果你在公众场所大声讲电话的话，对别人就构成了一种噪音骚扰。在影剧院、会议中心、餐厅、商场，经常有些人拿着电话大吵大嚷地说个不停，这是非常令人反感的。

3. 做好通话前的内容准备

要养成打重要电话前列提纲的习惯，明确通话要点和询问要点。比如我电话中要说几件事，我所要注意的是什么等。提前进行轻重缓急的排列，先说最重要的事。同时，针对跨境商务特点，还要了解对方国家语言和口音以及说话方式和特点。在电话接通后，就可以利用预先准备的内容直截了当地进行通话，既避免了通话时的紧张焦虑，也可以确保不漏掉通话要点。

另外，还需要在电话机旁准备一些空白便笺纸和笔，以便在打电话的过程中随手记录一些重要信息。不要总是在需要记下别人所说的重点时，说"请稍候，我去找一支笔来"，从而耽误别人的时间。很多情况下，台历也是需要准备的，因为你可能需要在上面标示具体的日期安排。

4. 电话中的自我介绍和礼貌用语

一个训练有素的人，拿起电话之后首先要进行自我介绍。按照电话礼仪，电话接通后，首先应向对方问好，自报公司名称并证实对方的身份。即使双方有过数次联系，也应把自己的全名说出来，因为商务人士每天接触很多人，他对你的名字可能并非如你所想的那样熟悉，每次打电话时都用全名也会让对方对你的记忆更深刻。如无人接听也应等铃响六、七声后再挂断。

拨打电话时，应坚持用"您好"开头，"请""麻烦""拜托"等穿插，"谢谢""麻烦您了""那就拜托您了"等收尾，态度和蔼，语气诚恳，展现得体的国际商务礼仪。在电话中给对方的印象完全来自你的语气和选词造句的方式，所以一定要让自己听起来既专业又亲切。建议跨境商务人士在打电话的时候面带微笑，这样会让语气听起来更加积极、友善。

5. 谁先挂断电话

打电话时该由谁先挂断呢？标准做法是：请地位高者先挂，这样对他人的尊重尽在不言中。有些人会问：俩人地位一样，谁先挂？一般是求人的人要等被求的人先挂。由被求的人先挂，实际上是一个摆正人与人之间位置的问题。

三、接电话的礼仪

对跨境商务人士而言，接听电话的重要性也是不言而喻的。跨境商务人士随时都有可能接到对咨询、售后等电话，而在接听电话时的态度和言语将形成来电方对其所在公司的第一印象。

1. 及时接听，铃响不过三声

打电话时最重要的原则是"通话三分钟法则"，接电话的基本规则叫作"铃响不过三声"，也就是说要及时接听电话。尤其是约好了的电话，别人打来的时候你不及时接听，那就是严重的失礼。接听电话时，声音要保持平静，让人感到愉悦，不管你当时觉得多么劳累和恼火。请记住，你是在为公司接电话，而不是为你自己。

我们有时候会出现两个极端，一种极端就是电话铃声一直响，但就是不接。还有一个极端则是电话铃一响就马上伸手接听。这两种方式都不太合理。因为接得太快容易让对方吓一跳，而接得慢则容易丢失客户且造成客户满意度下降。很多国外公司都有规定，铃声要响到六声以上才去接，第一句话要说"抱歉，让您久等了"。

2. 仔细聆听并积极反馈

作为接听电话者，在通话过程中，要仔细聆听对方的讲话，并及时作答，给对方以积极的反馈。通话听不清楚或没听明白时，要马上告诉对方，并仔细核实，以免发生误解，造成损失。

3. 不要随便叫别人代接电话

如果你在现场，电话是找你的，尤其打的是你的电话，你就不要找他人去代接，更不要让他人代接听已经有约在先的电话，这是对通话对象的最基本的尊重。训练有素的代接电话者要首先告诉对方，他找的人不在，然后才能问对方是谁，对方有什么事，顺序不可颠倒。

如果对方请你代转电话，应弄明白对方是谁，要找什么人，以便与接电话人联系。如对方要找的人距离较远时，应告知对方"稍等片刻"，并用手轻捂话筒或按保留按键，再轻声呼喊接话人。

4. 电话掉线时的处理

当电话在通话过程中断或信号不好听不清楚，接电话的一方有责任告诉对方。比如通话信号不好，你可以说："不好意思，现在我在的这个位置可能网络信号不太好，噪音很大。您看这样好不好，我先把电话挂了，然后您指定一个时间我打给您。"万一它没有一点先兆就断了，那你要马上把电话打回去。打过去的时候，第一句话就要讲："不好意思，电话掉线了。"不管怎样你一定要说一声，这是对别人的一种尊重。

5. 拨错电话的处理

一般公司都有明确的规定，如果外人打错电话，接电话的员工要说明："先生您好，您拨错电话了。"接着再把本公司的电话重复一下，请对方验证。最后要问对方"需要帮助吗"。

6. 面对面交流时突然来电的处理

如果在与客户面对面交流时，办公室的电话突然响了，你看了一下来电显示号码，也挺重要的，那我们接还是不接呢？

一个有经验的人，在外人面前，是一定要接打进来的电话的，但不适合长时间接听，需要妥善地对其进行处理。你可以告诉对方："不好意思，我正在与客人交谈，一会儿再给您回电话。"如果在电话中长时间攀谈，会让身边的客户感到不受尊重，影响双方感情。

四、手机使用礼仪

移动电话以其方便随身携带的特点在电话沟通洽谈中发挥着越来越重要的作用。

1. 安全地使用手机

这里有两层含义。首先，使用手机要遵守安全规定，比如开车的时候不打手机，乘坐飞机时手机要关机，加油站、病房之内不能使用手机。世界上大多数国家都明令禁止在驾驶机动车时手持手机通话，这样会有安全隐患。尽管用蓝牙耳机可以降低驾车时通话的危险，但最好的做法还是先将车辆停在路边再进行通话。

另一层含义是，一般情况下，不要借用别人的手机，这是基本礼貌，除非是在紧急情况下。

从保守商业秘密这个角度来讲，手机是不适合传递重要商业信息的，以防他人通过非法软件窃取机密情报，损害公司的利益。以现在发达的技术手段来看的话，不仅打电话的人在什么位置可以被别人知道，就连你所讲的内容别人也是可以知道的。在国际社会的商务交流中，这是一定要注意的。谈判底线、底价是多少、合同上哪些细节要落实，尽量不要在手机中讲起。

2. 文明地使用手机

这里所讲的文明使用，就是你使用手机时要有那种尊重人、爱护人、关心人、体谅人的意识。在公众场合要养成将手机调至振动或者静音状态的习惯。大部分人在打电话的时候声音要比平时大,当你在使用手机时,应该尽量注意讲话声音不要太大,以免影响旁边的人。另外,如果打电话的时候有旁人,最好不要说关于个人的事情或讨论商务细节,可以告诉对方,待会儿回电话给他。

在参加会议、观看演出或看电影的时候,手机突然发出响声是非常不礼貌的行为。如果确实需要接听重要电话,可以起身前往休息区或外面空旷的地方接电话,不要当场接听,尽管你自认为已经把声音压得很低,仍会打扰到身边的人并给人留下一个坏印象。

3. 规范地使用手机

有些人喜欢把手机挂在脖子上,有些人喜欢拿在手上,从商务规范的角度来讲,手机还是放在公文包里或者口袋里比较合适。在商务用餐的过程中切忌将手机放在餐桌上,在餐桌上接打电话或查看社交软件均是不礼貌的行为。

4. 手机铃声和信息

很多年轻人在使用手机时,喜欢以标新立异的铃声来凸显个性。但是在商务场合中,仍应以沉稳内敛的基调为主,尽量不使用怪异、搞笑或会引发争议的铃声,以免因为铃声格调低下而给生意伙伴留下不好的印象。

在对方不方便接听电话或需要传递细节信息的时候,我们经常会使用短信来进行沟通。在商务交流过程中发送手机短信,需要注意尽量用简单明了的语言把内容表达清楚,写完短信后要检查是否有错别字,有无错漏等。在接收短信时,应注意及时回复。

总而言之,文明而礼貌地使用电话,包括座机和手机,会让你能够进行有效沟通,会使你获得有用的信息。反之,如果你使用电话时不礼貌、不文明,将损害你的电话形象,进而损害公司利益。

【知识拓展】

接到客户索赔电话的处理方法

工作中,难免会接到客户的索赔电话。愤怒的客户此时可能暴跳如雷,语气比较生硬。作为被索赔方的你,如果以同样的态度相待或强行辩解,很可能会火上浇油,使双方的矛盾升级。合适的做法是先耐心地让客户说完他的不满并发泄出怒气,等客户平静下来再慢慢沟通。在沟通的过程中,可以先肯定客户话中的合理部分,仔细研究对方发火的原因,态度诚恳并对症下药才能够赢得客户的谅解。在通话结束时,还应感谢客户对己方工作不周到之处提出的意见和建议,如"谢谢您的来电,正是因为您的提醒我们才能注意到这个纰漏,今后一定会加倍注意,不会再出现同样的失误"。

(资料来源:结合网络资料整理)

【知识拓展】

电话洽谈礼貌用语如表 3-1 所示。

表 3-1　电话洽谈礼貌用语

不妥当用语	正确用语
"喂！找谁？"	"您好！这里是××公司，请问您找哪位？"
"你是谁啊？"	"对不起，请问您是哪位？"
"给我找一下××。"	"请您帮我找下××好吗？谢谢！"
"等一下。"	"请您稍等一会儿。"
"你有什么事？"	"请问您有何贵事？"
"你说完了吗？"	"您还有其他事吗？"
"那样可不行！"	"抱歉，恐怕不能按照您希望的去办。"
"什么？再说一遍！"	"对不起！请您再说一遍。"
"你的声音太小了。"	"对不起！我听得不大清楚。"
"我忘不了！"	"请放心！我一定照办。"
"把你的地址、姓名告诉我！"	"对不起，您能否将您的地址和姓名留给我？"

（资料来源：结合网络资料整理）

单元二　网络洽谈礼仪

随着互联网信息技术的发展，电子邮件与社交软件迅速普及，成为商务洽谈的重要组成部分。尤其是电子邮件、Facebook（脸书）、Twitter（推特）等，在商务交往中得到了越来越广泛的应用。网络礼仪，是指尖上的文明，在进行网络洽谈交流的时候，我们应该规范自己的言行，遵守网络洽谈礼仪。

一、网络洽谈的原则

网络洽谈是指通过基于信息技术的计算机网络来实现信息沟通洽谈的活动，一般我们要注意以下三个原则。

第一，我们是在和人交流。因此我们在现实生活中如何沟通，在网络上也该如何。

第二，尊重别人。尊重他人的隐私，不要随意公开私人邮件、聊天记录和视频等内容。尊重他人，不要自诩高人一等。尊重他人的劳动，不要剽窃、随意修改和张贴别人的劳动成果，除非经过他人同意。尊重他人的时间，在沟通提问以前，先确定自己无法解决，且对方是正确的人。

第三，自信。但同时要注意谦虚，处理好细节。如果对某个方面不熟悉，不要冒充专家。发送任何消息前，要仔细检查语法和用词是否恰当、是否有错别字，不要故意挑衅或使用不文明的语言。

二、使用电子邮件的礼仪

在商业往来中，一定要注意电子邮件的撰写规范与礼仪，为自己的企业展示一个良好的形象。使用电子邮件时，下面几个方面的礼仪规范应当认真加以遵守。

（一）认真准备

使用电子邮件，必须认真做好各项必要的准备：其一，主题要明确。电子邮件的"主题"一栏，一定要写清楚主题或标题，多几个字没关系，以免什么都没写，对方会认为是垃圾邮件，在没打开之前就将之删除。其二，篇幅不宜过长。由于电子邮件需要利用互联网传送和接收，为防止收发出现问题，电子邮件的内容应简明扼要，篇幅不宜过长，言简意赅为佳，以便收件人阅读。用语要礼貌，以示对收件人的尊重。其三，语言直白。商务电子邮件并非朋友之间的网上聊天，因此所用语言应通俗易懂。要少用生词、怪词或自造的网络用语。凡引用的数据、资料，应注明出处。撰写电子邮件时，格式要符合规范。在写英文电子邮件时，不要清一色使用大写字母。

（二）不要滥用

互联网是一个虚拟世界。在网上不要滥用电子邮件，有事才用。现在很多人喜欢在虚拟的网络空间里畅谈理想、发表高论、宣泄情感、寻找至交，或达到其他一些功利性目的。人人都有自己选择的权利，我们不好去非议他人。但就电子邮件而言，它其实是一种沟通、通信的手段。既然如此，就要在使用时兼顾以下两点。

其一，有感而发，有事而发。此点乃是人们在收发、处理电子邮件时的基本礼仪。在常规情况下使用电子邮件时，要坚持有事才发。必须意识到，在绝大多数情况下，使用电子邮件进行沟通，并不一定比直接会面或使用电话进行沟通的效果更好。当有人发电子邮件给你时，你要做到有来有往，回信给对方。

其二，不要让你的邮件成为垃圾邮件。我们每天打开电子邮箱时，经常会发现大量的邮件充斥其中，有时候甚至会"爆箱"。该来的没发过来，不该来的却满邮箱都是。这主要是因为某些滥发邮件，所以不要把没有任何实际内容的电子邮件乱发给别人，尤其是不要把它乱发给陌生人。不要使自己的电子邮件成为骚扰别人的东西。此点是很重要的，因为垃圾邮件和生活垃圾一样令人生厌。

（三）要讲究公德

使用电子邮件时，一方面不要骚扰别人；另一方面则要注意公私有别。要做到：私人电子邮件用私人计算机发，公务电子邮件用公务计算机发。切勿传播虚假信息，或者散布流言蜚语。

（四）要信息真实

不要在电子邮件中传递不真实的信息、哗众取宠的信息、以讹传讹的信息、妨害社会或公共安全的信息，这一点非常重要。电子邮件中所传递的信息，应以真实为第一位的要求。不仅自己不能制造虚假信息，而且不能主动传播、扩散来自别处的不真实信息。

（五）要及时处理

对自己邮箱内的电子邮件应及时进行处理，定期打开收件箱查看邮件，以免遗漏或耽误重要邮件的阅读和回复。一般应在收到邮件后的当天予以回复。如果涉及较难处理的问题，要先告诉对方你已收到邮件，处理后会及时给予正式回复。对于有价值的邮件，必须保存。对于和公务无关的垃圾邮件，或者已无实际价值的公务邮件，要及时删除。

三、使用社交软件的礼仪

在跨境商务交往中，很多沟通洽谈基本都是通过社交软件进行。如果通过社交软件与其他人洽谈时不注重网络社交礼仪，就很容易导致彼此之间产生一些误解，从而影响交易的达成。

（一）不要继续谈论对方不感兴趣的话题

如果你在社交软件上和客户洽谈，而你的客户对你说的话题不感兴趣，这个时候就不要继续聊了。既然对方对话题不感兴趣，继续聊下去，就是浪费彼此的时间。

（二）不要随便开玩笑

在使用社交软件聊天时，要特别注意，无论双方关系如何，都不要随便开玩笑。特别是有些朋友之间关系不是特别好，可能只是认识而已。如果此时不顾双方关系随意开玩笑，对方会觉得特别反感。

（三）避免冲突

使用社交软件和别人聊天时，要特别注意，如果你对某些话题有不同的看法，千万不要直接批评对方。每个人都有自己的想法，可以不接受对方的意见，但绝对没有必要争对错到底。你可以表达自己的意见，同时也尊重别人表达意见的权利，避免冲突。

（四）着急的时候不要发信息

通过社交软件与他人聊天时，如果有急事也要特别注意。这个时候要打电话，千万不要一直发信息。既然已经是很紧急的事情了，再连续给别人发消息，不仅不会解决问题，还会有打扰别人的嫌疑。

（五）不要持续发送消息

使用社交软件与他人聊天时，不要持续发送信息。要关注对方的在线状态，对方没有回复你，那么他有可能很忙，或者有其他重要的事情，没有办法马上回复你。如果你在这个时候还不断给对方发消息打扰对方，就会让对方觉得你没礼貌。

（六）尽量不发语音消息

使用社交软件和别人聊天时，很多人在考虑到别人实际情况的前提下发送语音消息。比如有些人明明知道对方在开会，还发语音，这种聊天方式显然是不礼貌的。

（七）谨慎使用表情符号

使用聊天软件时，表情符号是我们常常使用的一种表达感情的方式，尤其是在即时通信中。但是如果是在商务洽谈中，就有点不合时宜了。因为你的表情符号很可能会让对方觉得困惑，有时候还会引起一些不必要的误会。

四、几种常见社交媒体的禁忌事项

在跨境商务活动中，经常会用到一些国外社交软件及媒体社区进行营销活动推广，正确使用可以起到很好的效果。但是，如果触碰到一些禁忌事项，往往会适得其反。请注意以下几种常见社交媒体的禁忌事项。

（一）Facebook

不要贸然将用户加为好友。如果想交朋友，就要告诉对方你是谁。不要假定他人认识你（特别是在他们确实不认识你的时候）。随便地、频繁地邀请他人加入营销活动，这是非常不礼貌的，并且很多人会认为这是垃圾消息。

不要滥用组邀请。如果你的朋友感兴趣，在你不邀请的情况下他们也会加入。如果他们不接受邀请，就不要再反复通过电子邮件、留言板或 Facebook 消息来发送组邀请。

（二）Twitter

不要关注一个用户后，在他还没来得及关注你之前就取消关注，或者在他关注你之后马上取消关注他。

不要大量地关注用户，人为地提高影响力指标。

不要不断地请求朋友转发你的内容。如果你的内容足够好，能够自己站住脚，自然就会有人转发它。

不要利用 Twitter 来进行私密的通信。

（三）YouTube

不要反复要求他人观看你的视频，还强迫他人订阅你的频道并给予五星级评分。

总之，网络社交媒体社区是真实的关系和真实的对话，应该用认真的态度对待。这里不是某个人，而是一个集体，一个社区，而且关乎公共利益。

社交网络虽然看起来像是非正式的环境，但我们必须像对待公共商业场所那样尊重社交网络。一般来说，如果你想要联系某个潜在联系人，在有他们的电子邮件地址的情况下突然在社交网络上直接向他们推销是不合适的。在任何情况下，都不能在别人的公共页面上直接推销产品。有一些用户可能在其公共页面留下了工作联系方式，在一些情况下通过工作联系方式联系他们是可被接受的，但是通过个人联系方式联系则不太合适。

【知识拓展】

网络礼仪十大礼节

礼节一：记住人的存在

互联网给予来自五湖四海的人一个共同的地方聚集，这是高科技的优点。但往往也使得我们面对着计算机屏幕忘了我们是在跟其他人打交道，我们的行为也因此容易变得更粗劣和无礼。因此网络礼仪第一条就是"记住人的存在"。如果是你当着他人的面不会说的话，在网上也不要说。

礼节二：网上线下行为一致

在现实生活中大多数人都要遵纪守法，同样的，在网上也是如此。网上的道德和法律与现实生活是相同的，不要以为在网络上就可以降低道德标准。

礼节三：入乡随俗

同样是网站，不同的论坛有不同的规则。在一个论坛可以做的事情在另一个论坛可能不宜做。最好的做法是，先浏览一会儿再发言，这样你可以知道论坛的气氛和可以被接受的行为。

礼节四：尊重别人的时间和带宽

在提问题以前，先自己花些时间去搜索和研究。很有可能同样的问题以前已经有人问过，答案随处可搜。不要以自我为中心，别人为你寻找答案是需要消耗时间和资源的。

礼节五：给自己在网上留个好印象

因为网络的隐身特性，别人无法从你的外观来判断你，因此你一言一语成为别人对你印象的唯一判断标准。如果你对某个方面不是很熟悉，不要贸然回复。同样的，发帖前仔细检查语法和用词，不要使用挑衅的语言和不文明的语言。

礼节六：分享你的知识

除了回答问题，当你提了一个有意思的问题而得到很多回答时，再之后最好整理出来与大家分享。

礼节七：尊重他人的隐私

别人与你交流的电子邮件或私聊的记录应该是隐私的一部分。如果你认识的某个人用笔名上网，在论坛未经同意将他的真名公开，不是一个好的行为。如果不小心看到别人在计算机上的电子邮件或秘密，不应该到处传播。

礼节八：不要滥用权利

管理员比其他用户有更多权利，应该珍惜使用这些权利，不要滥用。

礼节九：宽容

每个人都会有犯错误的时候。当看到别人写错字、用错词，问一个低级问题或者写篇没必要的长篇大论时，不要随意去批评对方。如果你真的想给对方建议，最好用电子邮件私下沟通。

礼节十：平心静气地争论

争论是正常的现象。要平心静气以理服人，不要进行人身攻击。

（资料来源：结合网络资料整理）

单元三　谈判与签约礼仪

从商务交往的角度来说，生意人都会为了自己各自的目的和利益不断地进行磋商，因此谈判是很常见的。在谈判之后举行正式的签约仪式，是一件让人高兴的事情，注重谈判与签约时候的礼仪，可以使业务顺利开展。

一、商务谈判礼仪的含义

所谓谈判礼仪，就是在商务谈判活动中，商务人士所应遵循的行为规范和准则。主要包括两个方面：一是律己之规，也称形象设计，是商务谈判人员自身的言谈话语、举止行为、仪容仪表、穿着打扮等方面的规范。主要要求商务谈判人员严于律己、自尊自重，并且时时守规矩、处处讲规矩、事事有规矩。二是敬人之道，包括商务谈判人员在面对谈判对象时进行交际与应酬的基本技巧，主要体现对谈判对手的尊重。

二、商务谈判礼仪的作用

（一）营造良好氛围，拉近彼此距离

在一个宽松和谐的氛围中谈判，会自然地缩短双方的距离，容易找到一个双方均能接受、彼此都可受益的结合点。

（二）塑造良好形象，推动交易成功

在商务谈判中，交易双方之间可能并不了解，而个人形象往往是企业形象的代表，彬彬有礼的言谈举止、渊博的知识、得体的礼遇，都会给对方留下深刻的印象，并由此让对方产生好感，从而减少谈判阻力，推动交易成功达成。

（三）加深理解，促进友谊

在商务谈判中，由于双方都要维护各自的经济利益，因而难免会发生一些冲突。即便是在双方相持不下的时候，也要注意礼仪规范，通过理解和沟通，找出双方都能接受的方案。通过礼貌的沟通洽谈，双方建立友谊，才能成为长期的合作伙伴。

三、谈判中的礼仪

（一）穿着要得体

参加商务洽谈要注意，着装既要干净整齐，又要庄重大方。男士一般穿材质较好的深色西装，有时也可穿中山装。西装、衬衫、领带及皮鞋要搭配得和谐统一，不要穿夹克衫、牛仔裤、T恤衫，或配旅游鞋、凉鞋。女士可穿西服套装或西装套裙，以显得自信、干练为佳，切忌打扮得太花哨。

（二）空间和时间要恰当

这是由双方共同决定的。通常确定时间比较简单，只要双方达成一致就行，主要是大家都方便。如果一方方便，而另一方不方便，就不合适了。总之，时间比较容易确定。实际上，谈判时间是包括两个具体时间的：第一个时间，就是起止时间，即准备从什么时候开始谈，大概谈到什么时候；第二个时间，是具体谈的时间有多久，中间要不要休息。在规范的谈判中，这些都是要说清楚的。

相对时间的选择来讲，谈判空间的选择就比较麻烦。空间选择，实际上就是挑选谈判的具体地点。选择双方的哪一方所在城市，还是第三方地点，这些在谈判前需要提前协调好，避免产生分歧。毕竟谁都希望选择自己所在的城市作为谈判地点。

（三）位次上的礼仪

排列位次时，不同时间、不同场合的要求不一样。比如在上楼下楼等行进过程中，一般情况下都是女士优先。当在主席台就坐时，"以右为尊"是国际惯例。针对座次排列，一般面门为上，即正对着门的位置为上。居中为上，即主谈判人坐在中间位置。

一般来讲，双方谈判时的座次排列大致如下：面对正门的人是客方，背对正门的人是主方。居中的是一把手，一把手右侧的人，往往就是二把手了。但在国际商务谈判中，二把手通常会坐在主谈判人的左侧。主谈判人的右侧坐的是翻译。

（四）谈判时的临场礼仪

谈判的最佳结果是合作，要讲究双赢。临场最重要的是保持风度，重在不卑不亢、宠辱不惊，避免冲突。具体来说，在谈判桌上保持风度，应当兼顾以下两个方面。一是心平气和。在谈判桌上，每一位成功的谈判者均应做到心平气和、处变不惊、不急不躁、冷静处事。二是争取双赢。谈判往往是利益之争，因此谈判各方无不希望在谈判中最大限度地维护或者争取自身的利益。然而从本质上来讲，真正成功的谈判，应当以各方妥协、相互让步为其结局。这也就是说，谈判不应当以"你死我活"为目标，而是应当使双方互利互惠、各有所得，实现双赢。在谈判中，只注意争利而不懂得适当地让利于人，只顾己方目标的实现而使对方一无所得，是不会真正赢得谈判的。

四、签约中的礼仪

谈判一旦有了结果，往往要把结果固定化。签约，实际上是对谈判结果的一种固定化。一般来讲，签约时有一些具体的问题需要注意，比如文本的准备、现场的布置以及临场的表现等。

（一）文本准备——合法规范，字斟句酌

依照商业惯例，在签署合同之前，应由举行签字仪式的主方负责准备待签合同的正式文本。

文本准备：负责为签字仪式提供待签合同文本的主方，应同有关各方一起指定专人，共同负责合同的定稿、校对、印刷与装订。按常规，要为在合同上正式签字的有关各方均提供一份待签的合同文本。必要时，还可再向各方提供一份副本。

法定语言：签署涉外商务合同时，按照国际惯例，待签的合同文本应同时使用有关各方法定的官方语言，或是使用国际上通行的英语、法语。使用外文撰写合同时，应反复推敲、字斟句酌、行文规范，不乱用词语，内容要符合法律，条款要讲究规范性。

（二）现场布置——关注细节，排列位次

签字厅：有常设专用的，也有临时以会议厅、会客室来代替的。布置的总原则是要庄重、整洁、清静。一间标准的签字厅，室内应当满铺地毯，除了必要的签字用桌椅，其他一切的陈设都不需要。正规的签字桌应为长桌，其上通常铺设深绿色的桌布，但在签署涉外商务合同时，要注意不同国家在颜色方面的禁忌。

签字桌：按照礼仪规范，签字桌应当横放于室内，其后可摆放适量的座椅。签署双边合同时，可放置两张座椅，供签字人就座。签署多边合同时，可以仅放一张桌椅，供各方签字人签字时轮流就座，也可以为每位签字人各自提供一张座椅。签字人在就座时，一般应当面对正门。

文具：在签字桌上，应事先安放好待签的合同文本、签字笔以及吸墨器等

签字时所用的文具。

签字座次：一般是由主方代为排定的，签字人的座次安排应遵循"右高左低"（以右为尊）、前排"高于"后排、中央"高于"两侧、右侧"高于"左侧的原则。双方各自的助签人，应分别站立于各自一方签字人的外侧，以便随时对签字人提供帮助。双方其他的随行人员，可以按照一定的顺序在己方签字人的正对面就座。也可以依照职位的高低，依次从左至右（客方）或是从右至左（主方）地排列成一行，站立于己方签字人的身后。当一行站不完时，可以按照以上顺序并遵照"前高后低"的惯例排成两行、三行或四行。原则上，双方随行人员数量应大体上相近。

（三）临场表现——着装正式，正确签署，注意风度

第一，**着装正式**。按照惯例，签字人、助签人以及随行人员，在出席签字仪式时，应当穿着具有礼服性质的深色西装套装、中山装套装或西装套裙，并且配以白色衬衫与深色皮鞋。女士化淡妆并且注意发型，男士还必须系上单色领带，以示正规。不要给人邋里邋遢的感觉。

第二，**正确签署**。在签字仪式进行的整个过程中不能交头接耳、高声喧哗、拨打手机，这些行为都很不适宜。正确的做法是自觉保持严肃。签署文本时，根据商务礼仪规定，每个签字人在由己方保留的合同文本上签字时，按惯例应当名列首位，因此，每个签字人均应首先签署己方保存的合同文本，然后再交由他方签字人签字。这一做法，在礼仪上称为"轮换制"，它的含义是在位次排列上，轮流使有关各方均有机会居于首位一次，以显示各方平等。

第三，**注意风度**。按照国际惯例，双方签字成功之后，签字人要互相握手，互致祝贺，并相互交换各自一方刚才使用过的签字笔，以示纪念。全场人员应鼓掌，表示祝贺。礼宾人员端上香槟酒，有关人员，尤其是签字人举杯祝贺，增添喜庆。届时饮酒以一杯为限，要注意风度，在签字仪式上绝对不宜多饮或酗酒。

【案例】

李明毕业后就职于某公司的销售部，工作积极努力，成绩显著，三年后升任销售部经理。一次，公司要与美国某跨国公司就开发新产品问题进行谈判，公司将接待安排的重任交给李明负责，李明为此也做了大量细致的准备工作，经过几轮艰苦的谈判，双方终于达成协议。可就在正式签约的时候，客方代表团一进入签字厅就转身而去，是什么原因呢？原来在布置签字厅时，李明误将美国国旗放在签字桌的左侧。项目告吹，李明也因此被调离岗位。

（资料来源：结合网络资料整理）

点评：

中国传统的礼宾位次是以左为上，右为下，而国际惯例的座次位序则是以右为上，左为下。在涉外谈判时，应按国际通行的惯例来安排位次，否则，哪怕只是一个细节的疏忽，也可能导致前功尽弃、功亏一篑。

【知识检测】

一、选择题

1. 下面叙述符合礼仪规范的是（   ）。
   A. 用电脑写的感谢信字迹工整、看着舒服，所以是最好的写作方式。
   B. 非常重要的邮件要在 48 小时内答复。
   C. 写信时如果不知道对方是男是女可以统称其职务。
   D. 电子邮件中可以有错别字。

2. 电子邮件应用已相当普遍，那么下列做法中不正确的是（   ）。
   A. 非常重要的邮件要在 24 小时内回复。
   B. 因电子邮件是不用纸的，所以不需要注意写作技巧。
   C. 因为要资源共享，所以不需要对内容保密。
   D. 电子邮件同样要注意格式。

3. 助签时的规矩是（   ）。
   A. 左右同高   B. 无所谓
   C. 右高左低   D. 左高右低

4. 商务谈判礼仪的作用体现在哪几个方面（   ）？
   A. 营造良好氛围，拉近彼此距离
   B. 维护各自的经济利益
   C. 塑造良好形象，推动交易成功
   D. 加深理解，促进友谊

二、判断题

1. 电话要及时接听，最好铃声一响起来就接听。（   ）

2. 电子邮件的功能很强，有多种字体备用，还有各种信纸和电子贺卡可供选择，但在商务交往中必须慎用这些功能。（   ）

3. 在发电子邮件时，如果是多地址同步传递（以同一封信传给不同的朋友）且需要保密时，请以秘密附件方式发送。如此，接信的人只会看见信的内容，而不会知道其他收件人是谁。（   ）

4. 商务洽谈时男士应穿夹克衫、牛仔裤、T 恤衫，或配旅游鞋、凉鞋。（   ）

5. 在签署国际商务双边合同时，客方签字人在签字桌左侧就座，主方签字人就座于签字桌右侧。（   ）

6. 交换合同文本时，各方签字人应热烈握手，互致祝贺，并相互交换各自一方刚才使用过的签字笔，以示纪念。（　　）

【能力训练】

1. 电话沟通训练。

训练方法：4人为一组，每组人员自由组合，自选以下商务沟通情景，模拟与客户进行电话沟通，运用本模块中的电话沟通技巧和方法，掌握特殊电话的应答技巧，赢得客户的好感与信任。

（1）假如你是外贸公司的业务员，突然接到客户的索赔电话。客户的情绪比较激动，满腹牢骚，你应该如何处理？

（2）假如你正在办公室与客人商谈合同关键细节，此时，电话铃响了，你会怎么做？

（3）假如你接听了一个找你同事小明的电话，但小明恰巧不在，对方希望小明在今晚8点前回电话，有关信用证的问题要商谈，你应该给小明留下怎样的信息？

2. 案例分析。

中国某企业与德国某公司洽谈某种产品的出口业务。按照礼节，中方提前10分钟到达会议室。德国客人到达后，中方人员全体起立，鼓掌欢迎。德方谈判人员男士均西装革履，女士均身穿职业装；反观中方人员，只有经理和翻译身穿西装，其他人员有穿夹克衫的，有穿牛仔服的，更有甚者穿着工作服。现场没有见到德方人员脸上出现中方期待的笑容，反而显示出一丝不快。更令人不解的是，本预定好一上午的谈判日程，在半个小时内就草草结束，德方人员匆匆离去。

请分析中方人员在此次谈判中有失礼节的地方。

模块四

商务宴请礼仪

模块四　商务宴请礼仪

【学习目标】

知识目标
- 掌握商务工作餐的礼仪与特点。
- 掌握中、西餐礼仪。
- 了解商务酒会的设计与出席礼节。

能力目标
- 能够合理安排商务宴请。
- 能够在商务宴请中营造友好、融洽的氛围。

素质目标
- 具备良好的分析和解决问题的能力。

【思维导图】

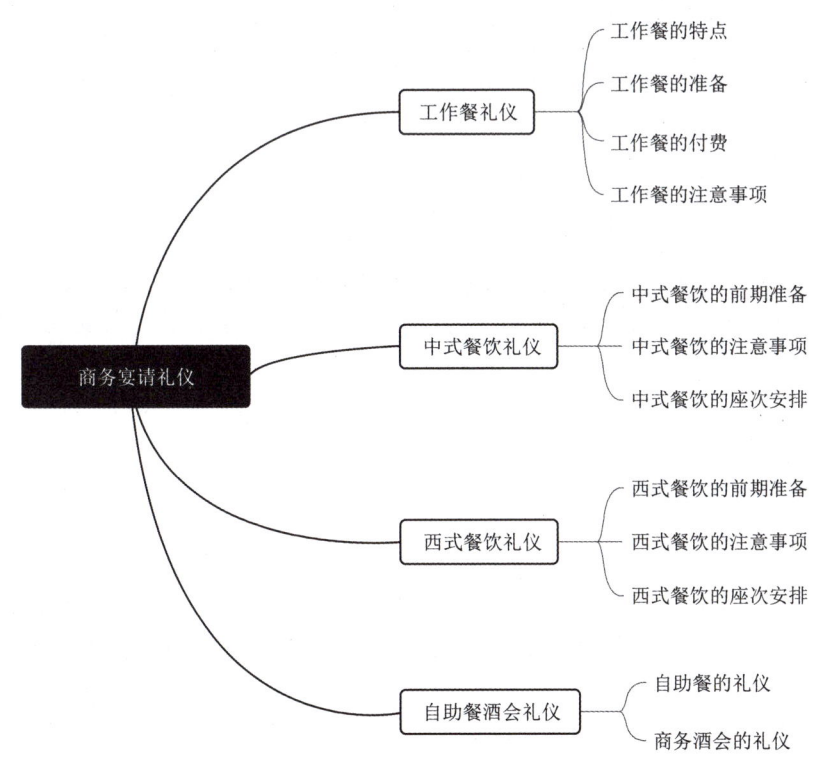

```
                         ┌── 工作餐的特点
              ┌ 工作餐礼仪 ─┼── 工作餐的准备
              │           ├── 工作餐的付费
              │           └── 工作餐的注意事项
              │
              │           ┌── 中式餐饮的前期准备
              ├ 中式餐饮礼仪 ┼── 中式餐饮的注意事项
              │           └── 中式餐饮的座次安排
商务宴请礼仪 ─┤
              │           ┌── 西式餐饮的前期准备
              ├ 西式餐饮礼仪 ┼── 西式餐饮的注意事项
              │           └── 西式餐饮的座次安排
              │
              │              ┌── 自助餐的礼仪
              └ 自助餐酒会礼仪 ┴── 商务酒会的礼仪
```

【模块背景】

美商如期而至，对佳明所在的浙江太阳雨服饰有限责任公司前期准备非常满意，谈判也很顺利，成功签下订单。鉴于佳明的优秀表现，经理又把庆祝签约成功的宴请安排交给了佳明。佳明需要了解中西餐的区别，安排出席座次等。对他而言，这又是一次挑战。

单元一　工作餐礼仪

工作餐，也称为商务聚餐，是指在商务交往中具有业务关系的合作伙伴，为了进行接触、保持联系、交换信息、洽谈生意，借用餐饮形式所进行的一种商务聚会。其旨在促成商务往来中进一步的合作，因而需要营造友好、和谐、轻松的用餐氛围。

一、工作餐的特点

（一）务实

商务合作讲的是务实、效率，工作餐也是如此，经济实惠、节约省时是商务聚餐的最大特色。因此，工作餐通常规模较小，不像其他形式宴请那样排场隆重，出席人数众多。工作餐实际上是商务沟通活动的延续，重在利用就餐时间，处理那些工作中尚未解决的事宜，所以参加的人员仅为双方参与此项工作的重要业务代表。工作餐就餐的总人数以不超过十人为宜，与工作无关的人员包括配偶、子女、亲友等均不适宜参加。

（二）高效

工作餐节省时间、效率高体现在它特殊的时间安排上。工作餐大多会安排在中午，这通常是上、下午工作间歇的时间；一般不会占用周末及其他节假日，这样就餐者不会因时间问题而感到不便，不必为了公事而占用私人时间，同时也可以保证双方的工作效率。如无特殊情况，工作餐进餐时间以一个小时左右为宜，至多不要超过两小时。

（三）无须正式邀请

工作餐选取的地点很随意，无须发送请柬，也无须安排桌次及座次。一般而言，只要双方认为有必要坐到一起就合作业务或项目交换彼此的意见和看法，就可以就近找合适的地方用工作餐。工作餐的地点可以有多种选择，如饭庄、宾馆、风味餐厅、咖啡厅、快餐店等。

二、工作餐的准备

（一）筹备工作餐

作为东道主，在安排工作餐时要注意根据客商特点选择就餐地点。工作餐的就餐环境要干净、高雅、无干扰。选择地点时要考虑客商的身份及他们的需要，目的是使客商能以愉悦的心情与你交谈。高雅的环境会让对方体验到尊重、严肃和认真，当你想与客商签下大笔的订单合同时，与销售总监会谈，在高级的饭店里谈和在一般的小饭馆里谈有很大的区别。前者会让客商感受到主方的诚意，好的环境可以让客商有个好心情，从而使洽谈变得顺利。而后者则恐怕会大大影响洽谈的效果。

　　选好地点后要准确、及时地通知客商就餐的时间和地点。仅告知对方饭店的名称是不够的，还应礼节性地说明饭店的详细地址，体现出主方的细致、周到和体贴。作为东道主，到达餐厅的时间应比客商早至少10分钟，并请专人在门口迎接宾客，并引领到位。点餐时应充分考虑客商的喜好，注意回避他们的禁忌，最好事先征求对方的意见。特别是招待那些少数民族客人或有宗教信仰的外商，要尊重他们的饮食习惯。跨境商务人士要时刻牢记，饭菜的丰盛与否是次要的，东道主的热情与诚恳才是最重要的。

(二) 出席工作餐

　　应邀参加工作餐时，要准时到达，如无特殊情况不得失约。为避免路上耽搁，要提前动身，以保证按时到达指定地点。如果确实有非常重要的事情必须提前退席，应在见面时提前向对方打好招呼。应避免频频看表，以免影响会谈的气氛。对工作餐中可能涉及的工作问题要提前做好准备，记不准的条例或数据要查一下相关文件或资料，以便在会谈中谈到有关问题时能应答自如，既表现出业务的娴熟，又能在对方心目中树立起良好的形象。在商务工作餐中，虽然并不是所有的话都要涉及工作上的事，但绝不能像同私人朋友在一起那样，可以随心所欲地东拉西扯，即使在会谈气氛十分友好的情况下也是如此。要注意选择适宜的谈话话题，不要轻易过问客商的私生活或对方单位的隐私。比如当着离婚的人大谈特谈婚姻问题，知道客商公司经济效益好就不断追问对方收入、奖金情况等。更不要轻易谈论涉及政治的敏感性话题。在谈生意时，一句无意的话可能会要你付出非常昂贵的代价。

三、工作餐的付费

(一) 主人付费

　　主人付费指的是在就餐结束后，由做东者负责买单付账。若是宾主十分熟悉，则做东者在餐桌上当着客人们的面结算饭资即可。若是宾主双方初次相识，或者交往甚浅，则做东者一般不宜当着客人的面，在餐桌上查看账单和支付饭费。得体的做法是做东者先与服务员通气，独自前往收款台结账。或是在自己送别客人之后，再回来结账。尽量不要让服务员当着客人的面口头报账，更不能让服务员将账单不明主次地递到客人手里。

（二）各自付费

各自付费又称"AA制"，是指就餐结束后，由全体用餐者平均分摊账单，各自支付所应支付的费用。在国外，商务人士在共进工作餐时，更多的是以此种方式付费。采用此种付费方式，需要有言在先。在结账时，做东者所要做的主要是算账、收钱、交费。

四、工作餐的注意事项

（一）工作餐时间的选择

安排工作餐的具体时间，原则上应当由工作餐的参与者共同协商决定。有时也可由做东者提议，经参与者同意。

按照惯例，工作餐不应当安排在节假日，而应当安排在工作日。工作餐的最佳时间是12：00—13：00。若无特殊情况，每次工作餐的进餐时间以一小时左右为宜，至多也不应超过两小时。当然，如果有要事未谈完，大家一致同意适当延长时间也可以。

有些关系密切的商务合作伙伴，往往以工作餐形式进行定期接触。大家事先商定，每隔一段时间，如每周、每月、每季度，在某一既定时间举行工作餐，以便保持接触。

（二）工作餐地点的选择

1. 主人定地点

根据惯例，工作餐地点应由主人选定，客人们应客随主便。但主人选择地点时有必要考虑客人的习惯与偏好，并给予适当的照顾。如果有必要，主人不妨同时向客人推荐几个自己中意的地点，请客人从中挑选，或是索性让客人提出几个地点，然后由宾主双方共同商定。

2. 地点的多样性

工作餐的地点可以多种多样，饭店、俱乐部、高档咖啡厅、快餐店等，都可以考虑。

（三）工作餐的座次

工作餐是一种非正式的商务活动，所以人们对于其座次通常都不太讲究。

需注意以下几点。

用餐者应当在同一张餐桌上就餐，尽量不要分桌就座。同一张餐桌安排不下时，最好将全体用餐者安排在同一个包间内。分桌就座时，一般无主桌与次桌之分，但是，仍可将主人与主宾所在的那张餐桌视为主桌。

在餐桌上就座时，座次往往不分主次，由就餐者自由选择。不过出于礼貌，主人不应率先就座，而应在主宾之后落座。若是主人为主宾让座的话，应当请对方就座于位次较高的座位。

主人与主宾若是同性，则双方就座时可根据具体情况进行选择。主人与主宾若为异性，则双方最好是面对面而坐。

宾主双方各自的随行人员就座时，一般可在双方的上级入座后自由择位。有时，客方的随行人员亦可听从主人的安排而坐。需要翻译时，翻译要就座于主人与主宾之间，亦可坐在主人左侧。

（四）菜肴的选择

与宴会、会餐相比，工作餐对菜品并无特别的要求，简单、卫生即可。只要菜品可口，并且大体上够吃，就算是基本"达标"了。

主方负责安排菜品。工作餐的菜品安排应当由东道主负责。东道主在具体安排菜品和酒水时，可以适当征求其他人的意见，特别是主宾的意见，最重要的是要注意对方的饮食禁忌，也可以采用每位用餐者各点一道菜，或者统一选择套餐的方法简化点菜程序。

工作餐最好采取分餐制。

在酒水的安排上，为了不耽误工作，应将烈性酒排除在外。同时，全体就餐者还须自觉禁烟。

（五）席间的交谈

1. 把握好交谈的时机

举行工作餐时，讲究的是办事与吃饭两不耽误。所以在点菜后、上菜前，就可以开始正式交谈，以节约时间，提高工作餐的效率。不要等到大家都吃饱喝足了才正式开始交谈，以免时间不够用。

2. 不要影响他人用餐

在餐间交谈时，有必要讲讲停停，做到张弛有度。在别人进餐时，切勿毫无眼力地向其发问。自己在讲话时，不要长篇大论，或是张牙舞爪，口水乱飞。

3. 席间不宜无故离座

在交谈期间，有关人员不宜中途无故离席或不告而别，也不宜离座去与其他人交谈。如果在用餐期间遇见熟人，可以打个招呼，或是与自己的同桌之人做个简短的介绍。但是不允许擅作主张将熟人留下来一起就餐。

（六）用餐终止

工作餐要注意适可而止。依照常规，拟议的问题一旦谈妥，工作餐即可告终，不宜拖延。

1. 终止用餐的信号

一般来讲，宾主双方均可首先提议终止用餐。主人将餐巾放回餐桌之上，或是吩咐服务员来结账；客人长时间沉默，或是反复看表，都是在向对方发出"用餐可以到此结束"的信号。尤其是在客人赶着去忙别的事情，或者宾主双方接下来还有其他事要办时，主人更是应当掌握好时间，使工作餐适时结束。

2. 终止用餐要合时宜

当有人用餐尚未完毕，或是有人正在发表高见时，不宜提出终止用餐。

（七）不宜录音、录像

一般来讲，在工作餐时的交谈，不宜录音、录像，或是布置专人进行记录。如有必要做笔录或者使用计算器、便携式计算机时，应先向交谈对象打招呼，并求得对方的同意。千万不要随意自行其是，好似对方缺乏信任一般。当对方表示不满时，切勿坚持录音、录像。

【案例】

某公司销售部工作人员小张代表本部门参与日本一家企业的产品销售预案商谈会。会议结束后，恰巧到了午饭时间，理应与对方公司一同吃个工作餐，席间也好与对方再敲定一些事项。日方人员与经理商定好就餐地点后，小张一时兴起邀请了途中遇到的公司公关部的几个同事，想借公关部同仁的"专业实力"共同攻下对方，取得最终胜利。万万没有想到的是，到达餐厅后，既让经理面露难色，又让日方人员十分不悦。

（资料来源：结合网络资料整理）

点评：

工作餐是一种特殊的商务活动，它不是随性而起的一种普通聚会。同行就餐者只能是具体参与该项业务合作的双方工作人员，不可邀请其他不相关人员参加。小张如此自作主张，只能让领导为难，也让客人不满。

【知识拓展】

不同国家进餐礼仪

不同国家有各自不同的风俗礼仪，餐桌礼仪更是如此。在一个国家被认为是文明的用餐习惯，在另一个国家却可能被当成是无礼的行为，因此餐桌礼仪应入乡随俗。

举个例子，你在墨西哥用手抓着鸡肉卷吃是完全合情合理的，但在泰国，你必须用勺子（而不是叉子）来就餐。

在法国，吃饭的时候不要把手放在腿上，要把双手都放在桌面上。尽管你的双手可能没有同时在使用餐具，但是让别人看到你的双手是一个礼貌的行为。

在德国，不要用刀切土豆，而应该直接用叉子叉着吃。

在西班牙，不要吃完饭就溜之大吉，而要享受"饭后闲聊时光"。西班牙人民喜欢在饭后喝杯茶、消消食，慢条斯理才是西班牙的生活节奏。

在英国，吃莴苣的时候不要使用餐具，直接用手拿着蘸酱吃，这是英国的传统吃法。

在匈牙利，不要边喝啤酒边干杯，甚至最好都不要喝啤酒。因为在1848年匈牙利革命被奥地利镇压后，奥地利士兵喝啤酒庆祝，此后，匈牙利就禁止在欢庆场合喝啤酒。这一传统延续至今。

（资料来源：结合网络资料整理）

单元二　中式餐饮礼仪

中国自古为礼仪之邦，讲究民以食为天，饮食礼仪源远流长，是饮食文化的一个重要组成部分。中餐菜肴以其色、香、味俱全的特色盛行中外，品种繁多，风味各异。许多外宾非常喜欢中餐，在国内或国际交往中，中餐宴会是最常见的商务宴请形式之一。

一、中式餐饮的前期准备

（一）时间选择

中餐宴会时间的选择应考虑主宾双方的情况，尤其要照顾到来宾。按国际惯例，晚宴被认为是规格最高的，通常安排在晚上 6~8 时。安排宴会的时间要注意避开重要的节假日、重要的活动日和双方的禁忌日。如宴请西方人士不要选 13 号这天，更不要选恰为周五的 13 号。宴请活动时间要先与主宾商量，经主宾同意并确定时间后，再约请其他宾客。一般小型聚会形式的宴请可事先与其他参加人商定后再确定时间。

（二）地点选择

中餐宴请的地点要根据活动的性质、规模、宴请的形式、主人的意愿以及实际情况而定。越是隆重的活动，越要讲究环境和条件。宴请可以安排在酒店、宾馆，也可以安排在风味独特的餐馆。如家中场地条件许可，小规模的亲密型宴请也可安排在家中进行。

（三）出席人数

宴请方要确定宴会出席人数，客户人数加上宴请方陪同人员。如果客户为 1~2 人，宴请方陪同人员一般为 3~4 人。如果客户人数较多，宴请方也应该相应增加陪同人员。同时，宴请方陪同人员在预订餐桌要注意，一般餐桌可以坐 10~12 人。

（四）菜肴选择

中餐宴会的菜肴需要宴请方提前确定，应考虑客人的规格、身份和预算确定菜肴的档次和规格。要充分尊重来宾的口味、喜好及禁忌，不要以主人的喜好为准，也不要以为中国人喜欢的或认为名贵的菜肴都适合外国人，比如海参、动物内脏，许多欧洲人都不喜欢。总的说来，菜肴的选择要注意以下几个方面。

1. 客户的宗教信仰

世界三大宗教都规定了教徒的餐饮宜忌，宴请方陪同人员应提前获悉客户的宗教信仰。

2. 客户的饮食爱好与禁忌

在与客户洽谈业务时，应该提前了解客户在饮食方面的喜好与禁忌，以便在确定菜肴时注意回避。

3. 中西方饮食观的差异

中国人认为鸡肉是高档食品，而在西方客人眼中，鸡肉是廉价食品。中国人喜欢食用猪肉，而西方客人则比较喜欢食用牛肉。

4. 客户对中餐菜肴的理解

国外客人，尤其是西方客人对中餐菜肴的认知还停留在"鱼香肉丝""宫保鸡丁"等中国传统名菜上。

（五）中餐宴会的邀请

发出邀请有正式与非正式之别。前者多采用书面形式，主要是用递送请柬的方式邀请，后者可采用口头邀请。各种正式的宴请活动一般均应发请柬，这是一种礼貌，亦对客人起提醒备忘作用。如果被邀请的是身份很高的人，往往还需单独发出邀请信，以表诚意。一般的宴请可以不发请柬，而用电话邀请。工作餐还可以口头邀请。请柬一般应提前1~2周发出，以便被邀请人事先做好安排。

请柬上要将宴会活动的目的、邀请范围、时间、地点等信息写清楚，重大的活动还要注明着装的要求及其他附加条件。口头约好的活动，仍应补送请柬，并在请柬右上方或左下方注上"备忘"字样。需要安排座位的宴请活动，为确切掌握出席情况，需被邀请者答复是否出席的，请柬上一般应注明"请答复"字样。如只需要不出席者答复，则注明"如不能出席请答复"字样，并注明电话号码，以便联系。请柬发出后，也可以用电话询问对方能否出席。主办方要及时落实出席情况，调整席位安排。

二、中式餐饮的注意事项

（一）上菜顺序

1. 茶水

茶水待客是中国人常用的接待方式。餐前等待时，一般先上一杯清茶。

2. 开胃菜

通常是四种冷盘组成的大拼盘，有时种类可多达十种。

3. 热炒

冷盘上完之后，接着上四种热盘，但有时热盘多半被省略。

4. 主菜

在开胃菜之后就开始上主菜，又称为大件、大菜。如菜单上注明有"八大件"，表示共有八道主菜。主菜的数量通常是四、六、八等偶数，因为中国人认为偶数吉利。在豪华的餐宴上，主菜有时多达十六或三十二道，但一般是六至十二道。

5. 点心

指主菜结束后所供应的甜点，如蛋糕等。

6. 水果

上水果意在爽口、解油腻。

（二）就餐方式

中餐宴会的具体就餐方式分为以下几种。

1. 分餐式

在就餐时为用餐者提供的主食、菜肴、酒水及其他餐具一律每人一份，分别使用，一般由服务员用小碟盛放。此种形式尤其适用于正式宴会。

2. 布菜式

在就餐时，将菜肴用大盘盛放，由服务人员托着菜盘依次放入每人的食碟中，剩余的部分放在餐桌上供宾客自行取用。这种就餐方式既卫生，又照顾到不同口味人士的需要，是宴会上经常采用的就餐方式。

3. 公筷式

用餐时，将菜肴和食品用大盘盛放，用餐者使用公用的餐具，适量取食，取餐时忌用自己使用过的筷子和汤勺。这种就餐方式适用于一般的宴会。除此之外，还有混餐式，即用餐者根据自己的口味，用自己的餐具直接从盛饭菜的大盘中取食。这是中国传统的用餐方式，但是不适用于正式的宴会。

（三）用餐要求

根据中餐的特点和食用习惯，并同时表示对用餐者的尊重，参加中餐宴会时要注意以下几点。

（1）上菜后，要等主人邀请，等主宾动筷时再拿筷子用餐。取菜时要相互礼让，不要争抢，取菜要适量。

（2）用餐时宾客之间可以相互让菜，以示友好热情。但切忌擅自做主为他人夹菜。在不明确客人喜好的情况下，主动为他夹菜、添饭，会让客人为难。

（3）在用餐时不要在菜盘中挑挑拣拣，挑肥拣瘦。取菜时，看准后立刻夹起取走，不要夹起来又放下，或者取走又放回去。

（4）吃饭要端起碗，应该用大拇指扣住碗口，食指、中指、无名指扣住碗底，空出手心部位。不把碗端起来，趴在桌子上对着碗吃饭是非常不雅观的。

（5）遇有意外，如不慎将酒、水、汤汁溅到他人衣服上，应立即致歉，及时处理。但不必恐慌赔罪，反使对方难堪。

（6）用餐的时候，不要当众修饰自己，比如梳理头发、化妆补妆等。如有必要，可以去化妆间或洗手间。

（7）如果需要为别人倒茶倒酒，要记住"倒茶要浅，倒酒要满"的礼仪规则。

（8）用餐后，必须等主人、主宾离席后，其他宾客和陪同人员方可离席。

（四）餐具使用

筷子是中餐最主要的餐具，就餐中应注意筷子仅限于自己使用，无须过分热情，主动地替其他客人布菜。如果想表达下主人的好客之心，可用公筷为客人夹菜。

汤匙在餐桌上一般用于公共取食，不能直接进口。就餐时只能用汤匙取菜放在自己的餐盘中，然后用筷子取食。喝汤时人手一个的小汤匙也仅限于自己使用。喝汤时不能端起汤碗一饮而尽，要用汤匙舀着喝。喝汤时不能发出声音，汤太热时不能用汤匙反复翻舀，或用嘴猛吹。

餐巾是就餐过程中主要的清洁用品，可以把它放在双腿上，也可压在餐盘下面，下垂部分用来遮住衣服使其免受食物污染。就餐前，服务人员会为每位就餐者送上一条湿毛巾，它只能用于清洁手部，而不能用来擦嘴或擦脸。

食盘放于每位就餐者面前，用于放菜。每次取菜不宜过多，不要几种菜品混在一起。吃剩的菜渣、骨头可以放在食盘中，服务人员会及时为客人更换。

牙签用于清理牙齿，应在万不得已情况下使用。剔牙时应用餐巾或手遮挡，不可直接暴露于旁人面前。不要将牙签长时间含于嘴中，吸来吸去。牙签有些时候也可用来扎取水果块。

三、中式餐饮的座次安排

中餐宴请的座次通常按照职务的高低进行安排。主人的两边为贵宾上座，通常遵循"以右为尊"的惯例。每张桌子上的位次，以距本桌的主人远近为序，近者为上，远者次之。在餐厅宴请客人时，为防止餐厅服务人员和其他人士的干扰，一般认为远离通道的、靠墙的位置为尊位。

在不规则的场所安排座次，应遵循背靠主装饰面为尊的原则。多桌宾客时，每张桌都可以让主人或上座贵宾面门而坐。如果场所不允许每桌主人或上座贵宾都能面门而坐，可采取另一个变通原则：让该桌主人或上座贵宾面向主桌的主人而坐。

此外，需注意的是每张餐桌上的具体位次也有主次之分。排列位次的方法是主人大都应当面对正门而坐，并在主桌就座。举行多桌宴请时，各桌之上均应有一位主桌主人的代表就座，其位置一般与主桌主人同向，有时也可面对主桌主人。各桌的主次座位，应根据其距离该桌主人的远近而定，以近为上。各桌上的人与该桌主人距离相同的位次，讲究"以右为尊"的原则，即以该桌主人面向为准，其右为尊。每张桌上所安排的用餐人数应限于 10 人之内，并宜为双数。

圆桌上位次的具体排列又可分为两种情况：第一种情况是每桌一个主位的排列方法；二是每桌两个主位的位次排列方法。其特点是主人夫妇就座于同一桌，以男主人为第一主人，以女主人为第二主人，主宾夫妇分别在男女主人右侧就座，这样每桌就形成了两个谈话中心。

商务宴请礼仪

【案例】

APEC 国宴

2014 年 11 月 9 日，APEC 峰会在北京怀柔雁栖湖盛大开幕。会议期间，国内外元首相聚北京，国宴成了一个万众瞩目的重要环节。此次国宴围绕亚信峰会"一带一路"这个文化主题来设计，体现了丝绸之路这样一个文化特色。国宴采用的都是中国具有地方特色的食材，江南的时令食材尤其得到充分利用。而且本次国宴在器皿使用上也充分体现了中国古老文明特色，盛汤的"丝路宝船汤盅"设计灵感来源于海上丝绸之路的古船造型，汤盅的盖揪设计为一艘扬帆远航的古船帆，寓意着海上丝绸之路的历史文明开端。而在餐具的设计上，为了呼应"丝绸之路"这个主题，采用了牡丹元素，在餐具瓷器上设计了两朵盛开的牡丹花，因为丝绸之路起源于洛阳，洛阳盛产牡丹。APEC 国宴借助丝绸之路的文化意象，表达亚洲文化、经济、政治等交流永续写的美好愿望。

（资料来源：结合网络资料整理）

【知识拓展】

中国八大菜系

中国是一个餐饮文化大国。各个地区长期以来由于地理环境、气候物产、文化传统以及民族习俗等因素的影响，形成了有一定亲缘承袭关系、菜点风味相近、知名度较高，并为部分群众所喜爱的地方风味著名流派，称为菜系。粤菜、鲁菜、川菜、苏菜、湘菜、闽菜、浙菜和徽菜享称中国"八大菜系"。

（资料来源：结合网络资料整理）

单元三　西式餐饮礼仪

所谓西餐，是对西方国家餐饮的一种统称，其基本特点是要用刀叉进食。西餐大致可以分为两类：一类是以英、法、德、意等国为代表的"西欧式"，又称"欧式"餐饮，其特点是选料精纯、口味清淡，以款式多、制作精细而享有盛誉；另一类是以苏联为代表的"东欧式"，又称为"俄式"餐饮，其特点是味道浓，以咸、酸、甜、辣皆俱而著称。此外，还有在英国菜基础上发展起来的"美式"西餐等。总之，西餐烹饪和食用方法与中餐有很大的不同，掌握西餐宴会礼仪对跨境商务人员很重要。

一、西式餐饮的前期准备

（一）地点选择

上海、北京、广州等一线城市均有一定数量的知名西餐厅，无论是装饰风格还是菜品口味，都不比欧洲国家或美国的西餐厅逊色。邀请外宾在这些餐厅用餐时，会使其有宾至如归的感觉。

（二）出席人数

宴请方要确定宴会出席人数，一般为客户人数加上宴请方陪同人员。如果客户为1~2人，宴请方陪同人员一般为3~4人。如果客户人数较多，宴请方也应该相应增加陪同人员。同时，宴请方在预订餐桌时要注意，一般西餐餐桌可以坐6~8人。

（三）菜肴选择

西餐在菜单上的安排与中餐有很大不同。以举办宴会为例，中餐宴会除了冷菜，还要有热菜6~8种，再加上甜食和水果，显得十分丰富。而西餐虽然看着有六、七道菜，但制作烦琐，且每道菜一般只有一种。

1. 头盘

西餐的第一道菜是头盘，也称为开胃品。开胃品的内容一般有冷头盘或热头盘之分，常见的品种有鱼子酱、鹅肝酱、熏鲑鱼、鸡尾酒、奶油鸡酥盒、焗蜗牛等。因为是要开胃，所以开胃菜一般都颇具特色风味，味道以咸和酸为主，且数量少、质量高。

2. 汤

与中餐有极大不同的是，西餐的第二道菜是汤。西餐的汤大致可分为清汤、奶油汤、蔬菜汤和冷汤四类，其品种有牛尾清汤、各式奶油汤、海鲜汤、美式蛤蜊汤、意式蔬菜汤、俄式罗宋汤、法式葱头汤等。冷汤的品种较少，有德式冷汤、俄式冷汤等。

3. 副菜

鱼类菜肴一般作为西餐的第三道菜，称为副菜。品种包括各种淡、海水鱼类，贝类及软体动物类。通常，水产类菜肴与蛋类、面包类、酥盒菜肴，均称为副菜。因为鱼类等菜肴的肉质鲜嫩，比较容易消化，所以放在肉类菜肴的前面，名称也和肉类菜肴主菜有区别。西餐吃鱼类菜肴讲究使用专用的调味汁，品种有鞑靼汁、荷兰汁、酒店汁、白奶油汁、大主教汁和水手鱼汁等。

4. 主菜

肉、禽类菜肴是西餐的第四道菜，也称为主菜。肉类菜肴的原料取自牛、羊、猪等各个部位的肉，其中最有代表性的是牛肉、牛排。牛排按其部位又可分为沙朗牛排（也称为西冷牛排）、菲利牛排、"T"骨型牛排、薄牛排等，其烹调方法常用的有烤、煎、铁扒等。肉类菜肴配用的调味汁，主要有西班牙汁、浓烧汁精、蘑菇汁、白尼斯汁等。禽类菜肴的原料取自鸡、鸭、鹅，通常将兔肉和鹿肉等野味也归入禽类菜肴。禽类菜肴品种最多的是鸡，有山鸡、火鸡、竹鸡等，可煮、可炸、可烤、可焖，主要的调味汁有黄肉汁、咖喱汁、奶油汁等。

5. 蔬菜类菜肴

蔬菜类菜肴可以安排在肉类菜肴之后，也可以与肉类菜肴同时上桌，所以可以作为第五道菜，或称为配菜。蔬菜类菜肴在西餐中称为沙拉，与主菜同时服务的沙拉称为生蔬菜沙拉，一般用生菜、西红柿、黄瓜、芦笋等制作。沙拉的主要调味汁有醋油汁、法国汁、千岛汁、奶酪沙拉汁等。

沙拉除了蔬菜，还有一类是用鱼、肉、蛋类制作的。这类沙拉一般不加调味汁，在进餐顺序上可以作为头盘食用。煮花椰菜、煮菠菜、炸土豆条等做熟的蔬菜，通常与主菜的肉类菜肴一同摆放在餐盘中上桌，称为配菜。

6. 甜品

西餐的甜品是主菜后食用的，可以算是第六道菜。它包括所有主菜后的食物，如布丁、蛋糕、冰激凌、奶酪、水果等。

7. 咖啡、茶

西餐的最后一道是饮料，如咖啡或茶等。饮咖啡一般要加糖和淡奶油，茶一般要加香桃片和糖。

二、西式餐饮的注意事项

（一）餐具使用

使用刀叉进餐是西餐重要的标志之一。西餐的主要餐具除了餐刀、餐叉，还有餐匙、餐巾等。

1. 餐刀、餐叉

享用西餐正餐时，吃黄油所用的餐刀，一般横放在用餐者的左手正前方。吃鱼和吃肉所用的刀叉，一般分别纵向摆放在用餐者前面餐盘的两侧，餐刀在右，餐叉在左。吃甜品所用的刀叉，一般横放于用餐者面前餐盘的正前方，应最后使用。使用刀叉，一般有两种最常规的方法。

（1）英国式。要求进餐时，始终右手拿刀，左手拿叉，一边切割，一边食用。

（2）美国式。要求右刀左叉，先把餐盘里要吃的东西全部切割完毕，然后把右手的餐刀斜放在餐盘前方，将左手中的餐叉换到右手里，然后再食用。

在使用刀叉用餐时，无论是采用哪种进餐方法都要注意，在切割食物时不要发出声响。将餐刀临时放下时，不可刀口朝外。掉在地上的刀叉切勿再用。

2. 餐匙的使用

在西餐的正餐里，一般会出现多把餐匙，它们形状不同，用途不同。一般个头较大的餐匙叫作汤匙，通常摆放在用餐者右侧的最外端，与餐刀并列纵放。个头较小的餐匙叫作甜品匙，一般横向摆放在吃甜品所用刀叉的正上方。使用餐匙时要注意以下几点。

（1）餐匙只可以用来饮汤、吃甜品，绝不可以直接舀取任何主食或菜肴。

（2）不可将餐匙插入菜肴、主食或者直立于甜品、茶杯中。

（3）使用餐匙时，要尽量保持干净。

3. 餐巾使用

西餐正餐中使用的餐巾，通常会被叠成一定的图案，放置于用餐者右前方。在使用时，应将餐巾展开平铺于并拢的大腿上，可将餐巾叠成三角形或对折，以方便使用。使用餐巾时应注意以下几点。

（1）需要交谈时，应先用餐巾轻轻擦拭嘴巴，再开口。

（2）如果进餐时需要剔牙，应当用餐巾挡住口部，使用完毕再放于原位。

4. 席间礼仪

由于西餐主要是在餐具、菜肴、酒水等方面与中餐不同，因此参加西餐宴会有必要了解和掌握以下方面的礼仪知识。

（1）进餐时，应该尽可能地少一些声响和动作。

（2）女主人拿起餐巾后，你就可以拿起你的餐巾，放在腿上。有时餐巾中包有一只小面包，可以取出放在旁边的小碟上。

（3）餐巾如果很大，就叠着放在腿上。如果很小，就全部打开。千万别将餐巾别在领口上或背心上，也不要在手中乱揉。可以用餐巾的一角擦去嘴上或手指上的油渍或脏物。千万别用它来擦刀叉或碗碟。

（4）喝汤时在你面前最大的那一把就是汤匙，它就在你的餐盘旁边。不要错用放在桌子中间的那把餐匙，因为那可能是取蔬菜或果酱用的。

（5）在女主人拿起她的餐匙或餐叉以前，客人不得食用任何一道菜。女主人通常要等到每位客人都拿到菜后才开始。当她拿起匙或叉时，那就意味着大家也可以那样做了。

（6）如果有鱼这道菜的话，它多半在汤以后送上，桌上可能有一把专用叉子，它与吃肉的叉子相似，通常要小一些，会放在肉叉的外侧。

（7）通常在鱼上桌之前，鱼骨早就剔净了，如果你吃的那块鱼还有刺的话，你可以左手拿着面包卷，或一块面包，右手拿着刀子，把刺拨开。

（8）如果嘴里有一根刺，就应悄悄地尽可能不引起注意地用手指将它取出，放在盘子边沿上，别放在桌上或扔在地上。

总之，西餐极其重视礼仪，只有认真学习和熟练掌握，才能在就餐时显得温文尔雅，颇具风度。

（二）酒水安排

西餐宴会中所上的酒水可以分为餐前酒、佐餐酒、餐后酒三种。它们各自又包含许多具体种类。餐前酒，又称开胃酒。显而易见，它是在开始正式用餐前饮用或在吃开胃菜时与之搭配的。一般情况下，人们在餐前喜欢饮用的酒水有鸡尾酒、味美思和香槟酒等。佐餐酒，又称餐酒。它是在正式用餐期间饮用的酒水。西餐里的佐餐酒均为葡萄酒，而且大多数是干葡萄酒或半干葡萄酒。在正餐或宴会上选择佐餐酒，有一条重要的原则不可不知，即"白酒配白肉，红酒配红肉"。这里所说的白肉，即海鲜、鸡肉，吃这类肉时，须以白葡萄酒搭配。而所谓的红肉，即牛肉、羊肉、猪肉，吃这类肉时，则应配以红葡萄酒。餐后酒，指的是在用餐之后饮用的用来助消化的酒水。最常见的餐后酒是利口酒，又称香甜酒。最有名的餐后酒，则是有"洋酒之王"美称的白兰地。

（三）气氛营造

西餐宴会十分注重气氛，但它与中餐宴会的热闹不同，是在一种优雅文静的气氛中进行的。服务员反应要灵敏，步履要轻快，动作要敏捷干脆，不得有响声。在向客人介绍菜单或征求意见时，声音以客人听得清楚为宜。背景音乐要柔和，为客人营造一种美好的气氛和高雅的情调。

三、西式餐饮的座次安排

西餐的位置排列与中餐有相当大的区别，一般都使用长桌。如果男女二人同去餐厅，男士应请女士坐在自己的右边，还得注意不可让她坐在人来人往的过道边。若只有一个靠墙的位置，应请女士靠墙就座，男士坐在她的对面。如果是两对夫妻就餐，夫人们应坐在靠墙的位置上，先生则坐在各自夫人的对面。如果两位男士陪同一位女士进餐，女士应坐在两位男士的中间。如果两位同性进餐，那么靠墙的位置应让给其中的年长者。具体有以下一些规则。

1. 女士优先

在西餐礼仪里十分强调"女士优先"的原则。排定用餐席位时，一般主方的女主人为第一主人，在主位就座。男主人为第二主人，坐在第二主人的位置上。

2. 距离定位

西餐桌上席位的主次，是根据其距离主位的远近决定的。

3. 以右为尊

"以右为尊"是西餐礼仪的基本原则。在西餐排位时，男主宾要排在女主人的右侧，女主宾排在男主人的右侧，按此原则，依次排列。

4. 面门为上

按礼仪的要求，面对餐厅正门的位子要高于背对餐厅正门的位子。

5. 交叉排列

西餐排列席位时，讲究交叉排列的原则，即男女应当交叉排列，熟人和生人也应当交叉排列。在西方人看来，宴会场合是要拓展人际关系的，这样交叉排列，用意就是让人们能多和周围客人认识，达到社交的目的。

【课堂演练】

提前安排几组学生编排一些小短剧，短剧内容包含西餐餐具使用、就座、就餐过程中的礼节。排练好之后在课上表演给同学们看，请大家找出对与错的地方，进行充分讨论，并就错误之处提出修改意见。

【案例】

王宇是一名外企的部门经理，有一次，他因为工作的需要，设宴招待一位来自法国的生意伙伴。一顿西餐吃下来，令对方最为欣赏的不是菜肴有多丰盛，而是王宇在用餐时的细节表现。用那位法国生意伙伴的原话说："王先生，您在用餐时一点声响都没有，使我感到您有非常好的修养。"整个用餐过程非常愉快，合作进程也非常顺利。

（资料来源：《商务礼仪》）

单元四　自助餐酒会礼仪

自助餐（buffet），是起源于西餐的一种就餐方式。厨师将烹制好的冷、热菜肴及点心陈列在餐厅的长条桌上，由客人自己随意取食，自我服务。

酒会是形式较为简单，用酒和点心招待客人，客人到场、退场都比较自由的宴会。酒会不设正餐，以酒水、点心、冷味为主。

一、自助餐的礼仪

（一）筹备自助餐的礼仪

1. 举办场合

一般来说，如果企业在大型活动之后安排宴会，那么自助餐肯定是首选。例如，举办大型体育赛事的时候，参赛运动员，加上记者、裁判员、国际体育组织的工作人员，一家酒店或一个餐厅往往要接待上千人，所以通常就以自助餐为主，而且是24小时开放的，人们可以随时就餐，很好地解决了上千人的吃饭问题。

如果需要宴请的客人超过百人的话，自助餐也是一种很好的选择。在自助餐上，主人只用把主要宾客照顾好，其他人员就比较随意。所以，举办大型活动时，自助餐是待客用餐的首选。

2. 场地选择

选择自助餐的就餐地点时，要考虑既能容纳全部就餐者，又能为人们提供足够的交际空间。在选择自助餐的就餐地点时，有几个场地可以考虑。

（1）自家地盘。如果条件允许，可以在自己家里或公司的餐厅、礼堂等一些比较宽敞的场地举行。最佳选择是露天庭院，比如花园、庭院、小型广场等。在环境布置时，要为用餐者提供一定的活动空间，除了摆放菜肴的区域，还应划出一块明显的用餐区域。提供数量足够的餐椅，供就餐者自由使用。室外就餐时，还要准备遮阳伞。

（2）星级酒店。一般三星级以上的酒店会提供自助餐服务，所以如果请的客人数量不太多，可以考虑到酒店去吃自助餐。

（3）专营性的自助餐店。专营性的自助餐店是专门提供自助餐的地方，可以先与店家联系，把场地预订下来，委托自助餐店操办。

3. 时间安排

自助餐多在正式商务活动之后举行，用餐时间没有特别的限定，只要主人宣布用餐开始，大家就可以开始用餐。在整个用餐期间，用餐者可以随到随吃，也不像正式宴会要求的那样必须统一退场，可以"半途而退"。用餐者只要自己觉得吃好了，在与主人打过招呼之后，随时都可以离去。

4. 食物选择

为了便于就餐，自助餐通常以提供冷食为主。为了满足就餐者的不同口味，应当尽可能使食物品种丰富。为了方便就餐者进行选择，同一类型的食物应被集中在一处摆放。除此之外，可酌情安排一些时令菜肴或特色菜肴。

5. 客人的招待

招待好客人，是自助餐主办者的责任和义务。要做到这一点，必须特别注意下列环节。

（1）要照顾好主要宾客。不论在哪种宴请场合，主要宾客都是主人照顾的重点，在自助餐上也不例外。主人在自助餐上对主宾所提供的照顾，主要表现在陪同就餐，进行适当的交谈，引见其他客人等。在周到照顾的同时，要注意给主要宾客留适度的自由空间。

（2）要充当引见者。作为一种社交活动的形式，自助餐自然要求参加者主动进行适度的交际。在用餐期间，主人一定要尽可能地为互不相识的客人多创造一些相识的机会，并且积极为他们牵线搭桥，充当引见者。

（3）要安排服务者。自助餐上的服务者一般由男性担任，服务者的主要职责是主动向来宾提供一些辅助性的服务，比如推着装有各类食物的餐车，或是托着装有多种酒水的托盘，在来宾之间走动，方便宾客各取所需，还要负责补充食物、饮料、餐具等。

（二）出席自助餐的礼仪

1. 排队取菜

在享用自助餐时，就餐者要自己照顾自己，自助取餐。取餐时讲究先来后到，要排队按序取餐。不要乱挤、乱抢，更不允许插队。在取菜之前，先取一个食盘，轮到自己取菜时，要用公用的餐具将食物装入自己的食盘之内，然后迅速离去，切勿在众多食物面前犹豫再三，让旁边的人久等，更不应该在取菜时挑挑拣拣，甚至直接下手或用自己的餐具取菜。

2. 循序取菜

在自助餐上取用菜肴时，要了解合理的取菜顺序。参加一般的自助餐时，取菜的先后顺序应当是：凉菜、汤、热菜、点心、甜品和水果。

3. 每次少取

不限数量、保证供应，是自助餐大受欢迎的原因。不过应当注意的是，要根据本人的口味和食量选取食物,必须量力而行。自助餐就餐时有"每次少取"的原则,即就餐者取用一种菜品时,每次少取一点,吃完后再取,甚至多次取用都可以,但是不能浪费。

4. 避免外带

所有的自助餐,不论是由主人亲自操办的自助餐,还是对外营业的正式餐馆里的自助餐,都有一条不成文的规定,即只允许就餐者在用餐现场尽情享用,不允许客人用餐完毕后打包带回家。

5. 送回餐具

既然是自助餐,强调用餐者以自助为主,那么就餐者不仅在取用菜肴时以自助为主,而且要善始善终,在用餐结束后自觉地将餐具送至指定地方。一般情况下,自助餐大都要求就餐者在用餐完毕后、离开用餐现场前,自行将餐具整理到一起,然后一并送到指定位置。

6. 照顾他人

在参加自助餐时,除了注重自己的就餐礼节,还要注意对朋友、熟人客户等多加照顾。若对方不熟悉环境,不妨提供适当帮助,在对方乐意的前提下,提出一些有关选取菜肴的建议。但是,不可以自作主张地为对方直接代取食物,更不允许将自己不喜欢或吃不了的食物"处理"给对方。

7. 拓展交际

自助餐是一种很好的商务交际平台。在某些自助餐场合,吃东西往往属于次要的事,与其他人进行适当的交际活动才是重要任务。在参加自助餐时,一定要主动寻找机会,积极进行交际活动。可以和老朋友叙旧,和刚认识的人加深一下关系,和主人打个招呼,再认识一下主要宾客,还应当争取多结识几位新朋友。

二、商务酒会的礼仪

在跨境商务往来活动中,商界人士参加各色酒会的机会和主办酒会的机会都很多。因此,有必要了解酒会特点以及其中涉及的种种礼节。

(一) 酒会的特点

1. 无须准时

应邀出席酒会,客人到场与退场时间通常由自己掌控,完全不需要像出席正规宴请那样准时到场、退场。

2. 衣饰不限

出席酒会,如果主办方没有特别要求,参与者在穿着与修饰方面不必过分刻意，只要做到端庄、大方、整洁、得体、简约即可。女士妆容切不可过分夸张、过于鲜艳夺目。

3. 不排座次

任何形式的酒会均不为出席者设立固定的座位，更不用排桌次、座次。品酒、用餐、聊天过程中基本以站立为主。当然，酒会现场周边会摆放一些座椅，供客人稍做休息。

4. 自由取食

与大型正式宴请不同的是，酒会上所提供的各类酒水、饮料、点心、小食品等，都是按照客人的口味与需要自由取食的，也可从频繁穿行于客人中间的服务人员那里选取。所以，出席人员完全可以尽情地"择善而行"，而不必"墨守成规"。

（二）出席酒会的礼仪

出席酒会时要自觉遵守相关礼节规范，不可违规操作，以免引发矛盾与误会。商务人员应谨记以下几点。

1. 不可自作主张

事先未与主办方特别是女主人商量就自带一个或几个朋友参加酒会，是非常不礼貌的行为，即使是在非常大型和非正式的聚会中也是如此。自作主张是对对方极大的不尊重，会破坏你在主办方或女主人心目中的良好形象，甚至难以继续友好、深层次的交往。

2. 不可肆意强取

酒会上提供的食品种类虽然不多，但也需要按一定顺序取食。在用餐或品酒时，无论是去餐台取餐，还是从服务人员手中的托盘里挑选酒水、饮料，都要注意遵守秩序，礼貌待人，依礼排队，依次而行，绝不可出现加塞、哄抢、强取的不良行为。

3. 不可贪多浪费

选取小食品时，无论你多么喜欢，都应一次只取一点，吃完后可以再去取食。切不可一味贪多，过量选取，造成浪费。

4. 不可只顾吃喝

出席酒会的目的不只是品酒、娱乐，更重要的是与其他商界人士进行交流和沟通，建立和谐的人际关系，为更好地开展业务打下良好的合作基础。切不可来了就吃、吃了就走，不与其他人员相互交流，只顾个人"埋头苦干"，这也是极不礼貌的行为。

5. 不可带走食品

酒会上提供给客人们享用的食品或各色酒类，只可以在酒会现场任意取食，绝不可"顺手牵羊"带回家去。

（三）酒会告辞的礼仪

出席酒会，身为客人应按请柬上注明的结束时间起身告辞。如果接到的是口头邀请，就可能没有说明结束时间，可以按照酒会将进行两个小时的一般原则来规划告辞时间。如果有哪位客人迟迟不走，而主人又另有晚餐之约，那就会使主人相当尴尬，造成不必要的麻烦。正餐之后的酒会的告辞时间按常识而定，如果酒会不是在周末举行，那就意味着告辞时间应在晚间11时至午夜之间。在所有类型的酒会上，离开之前都应向主人，尤其是女主人当面致谢，这是礼貌。

【知识检测】

一、选择题

1. 下列说法错误的是（　　）。
A. 按照惯例，工作餐应当安排在工作日
B. 工作餐地点应由主人选定，客随主便
C. 举行工作餐时，应以交谈为主，用餐为辅
D. 在餐桌上就座时，座次往往不分主次，由就餐者自由选择

2. 以下不符合中餐上餐顺序的是（　　）。
A. 茶水待客是中国人常用的待客方式，餐前等待时，一般先上一杯清茶
B. 主菜是在开胃菜之后，又称为大件、大菜
C. 水果一般是在主菜前，意在开胃
D. 点心通常在主菜结束后供应，如蛋糕等

3. 以下选项中关于西餐餐具使用错误的是（　　）。
A. 享用西餐正餐时，用餐者的面前摆放的刀叉，餐刀在左，餐叉在右
B. 西餐的主要餐具除了餐刀、餐叉，还有餐匙、餐巾等
C. 餐匙只可以用来饮汤、吃甜品，绝不可以直接舀取任何主食或菜肴
D. 如果进餐时需要剔牙，应当用餐巾挡住口部，使用完毕再放于原位

4. 出席酒会时应当遵循哪些礼仪（　　）？
A. 事先未征求主办方同意，自带一个或几个朋友参加酒会
B. 酒会中要注意遵守秩序，礼貌待人，依礼排队，依次而行
C. 不可带走食品
D. 选取小食品时，无论你多么喜欢，都应一次只取一点

二、判断题

1. 依照常规，拟议的问题一旦谈妥，工作餐即可告终，不宜拖延。（　　）
2. 主人付费是指在就餐结束后，由做东者负责买单付账。（　　）
3. 餐巾如果很大，就叠着放在腿上；如果很小，就全部打开。（　　）
4. 在西餐礼仪里，排定用餐席位时，女主人为第一主人，在主位就座。
（　　）
5. 参加自助餐时取菜的先后顺序应当是：凉菜、汤、热菜、点心、甜品和水果。（　　）
6. 为了便于就餐，自助餐通常以提供冷食为主。（　　）

【能力训练】

1. 某跨境商务公司与日本某公司一行 5 人洽谈业务，公司领导请你安排工作午餐，请你写出工作餐的前期准备与注意事项。分组讨论，由小组成员评选出最优方案，各小组展示最优方案，由学生、教师进行点评。

2. 实训操作。

实训目标：掌握中餐宴请前准备工作的要点。

实训地点：教室。

实训方法：

（1）学生自主确定宴请的规格、邀请对象及范围。

（2）确定宴会时间、地点及菜单，准备宴会邀请函。

（3）拟定讲话稿或祝酒词等。

（4）每组推选一位学生上台展示该组最优方案，其他同学进行评价，教师点评。

训练总结：通过训练，我的收获是：_____。

3. 请同学们分组设计一次西餐宴会，写出设计方案。

| 模块五 |

欢送礼仪

模块五　欢送礼仪

【学习目标】

知识目标

- 了解商务礼品的定位、分类。
- 熟悉选择商务礼品的礼仪，掌握礼品馈赠的礼仪。
- 熟悉乘车安排、座次，掌握送别时的相关礼仪。

能力目标

- 能够在商务交往中准确选择商务礼品赠送。
- 能够平和友善、落落大方地赠送礼品。
- 能够合理安排车辆座次。

素质目标

- 培养良好的分析和解决问题的能力。

【思维导图】

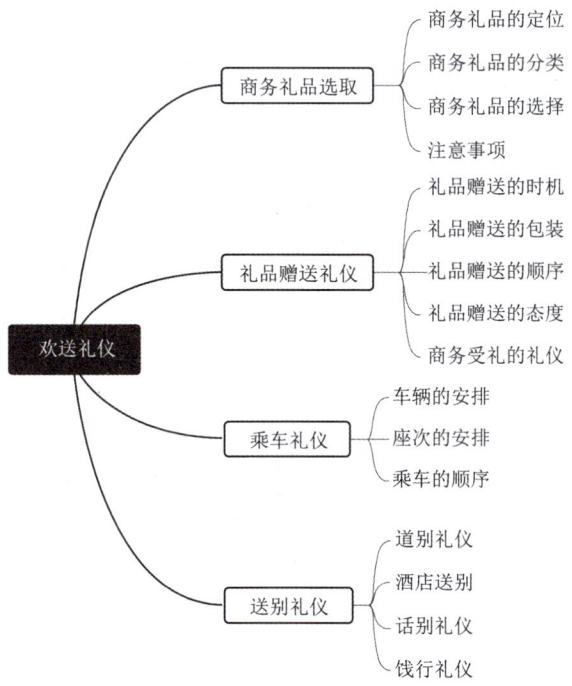

```
                            ┌─ 商务礼品的定位
                            ├─ 商务礼品的分类
              商务礼品选取 ─┤
                            ├─ 商务礼品的选择
                            └─ 注意事项

                            ┌─ 礼品赠送的时机
                            ├─ 礼品赠送的包装
              礼品赠送礼仪 ─┼─ 礼品赠送的顺序
    欢送礼仪 ─┤              ├─ 礼品赠送的态度
                            └─ 商务受礼的礼仪

                            ┌─ 车辆的安排
              乘车礼仪 ─────┼─ 座次的安排
                            └─ 乘车的顺序

                            ┌─ 道别礼仪
                            ├─ 酒店送别
              送别礼仪 ─────┤
                            ├─ 话别礼仪
                            └─ 饯行礼仪
```

【模块背景】

　　欢送礼仪是接待工作的最后一个环节。如果处理得不好，将影响到整个接待工作，使接待工作前功尽弃、功亏一篑。浙江太阳雨服饰有限公司为了对美国客户表达谢意和长期合作的期待，决定选取一份纪念品送给美国客户。佳明在经理的指导下从商务礼品选取、礼品赠送礼仪、乘车礼仪、送别礼仪四个部分学习了欢送礼仪，并最终完成了此次接待的最后一个环节。

单元一　商务礼品选取

礼品是传达感情的一种载体。"礼多人不怪",这是中国的一句名言。选择一份合适的商务礼品,需要花费一番心思。选择商务礼品不仅要投其所好,礼品本身更要正式。一份好的礼品会引起许多来自生活,或者生意,或者工作上的共鸣,一份富有深义、品质不凡,却又不显山露水的礼品,更能打动人心,让人备感珍贵。

一、商务礼品的定位

选择商务礼品时,首先要对商务礼品进行定位,明确礼品的用途,考虑收礼者的具体情况,不同的场合选送不同的礼物。

(一) 表示谢意或敬意

在国际商务交往中,在他国访问,受到东道主的热情款待,往往要通过向主人赠送礼品来表示对主人的感谢和敬意;事业的发展离不开众人相助,当我们受到他人或单位的帮助之后要表示感谢;应邀到朋友家做客要表示感谢;在收到别人赠送的礼品后,人们也会通过回赠礼物的方式来表达对送礼者的谢意。总之,要表示谢意或敬意的事情很多,需要根据不同情况、不同个人喜好选择恰当的礼品。

(二) 庆典纪念

根据庆典纪念的不同情况,来选择礼品。如商务合作伙伴的庆典纪念,为表示祝贺,可送贺匾、书画或题词,既高雅别致又兼具欣赏和保存价值。本单位的庆典纪念,为表示祝贺,给来宾赠送礼品,可以自己设计并定制带有本单位名称的纪念章、纪念物等,或将具有本单位特色的纪念品赠送给来宾,更具有宣传作用。

(三) 开张开业

商业合作伙伴、兄弟单位以及社会组织开张开业之际,应代表本企业送上一份贺礼,一般选送花篮为多,在花篮的绸带上写上祝贺词和赠送单位的名称。国内也有企业赠送条幅悬挂墙外,用来表示祝愿,同时也可以宣传企业、扩大影响。

（四）大型会议

产品推销会、贸易洽谈会、商业年会等大型会议，需要选择礼品赠送嘉宾，就要选择可以提升企业的品牌形象、对企业产品起着宣传推广的作用，同时又可以使参会者满意而归的礼品。会议礼品可选择的范围很广，需要注意的是，礼品要方便携带、具有纪念性和宣传性。另外，会议上发放礼品的数量较多，人多手杂，难免会出现一些摔碰现象，所以品质不易把控的礼品不要选择。

（五）重要节日

我国的春节、元旦、中秋等传统节日，西方的圣诞节、感恩节、新年等节日都需要向合作伙伴、客户、相关职能部门、企业内部的员工等适时地送上一份小小的礼物，对他们给予企业工作的关心与支持表示感谢，并希望继续得到他们的帮助，此时可选择一些节日礼物相赠。

（六）表示慰问

任何事情的发展都很难能一帆风顺，在他人遭遇灾难与不幸、发生重大变故时，如因患病、丧子而倍感痛苦忧伤，或因破产、市场开拓失败等遭受困难挫折，应马上表示慰问，并根据具体情况选择合适的礼物送上，以示关心，也可送上钱款相助，更能体现送礼者的情谊。

二、商务礼品的分类

商务礼品是我方企业在对外公关，或举办活动，或与来访客户见面时，为了加强彼此之间的感情、促进业务及形象展示而赠送给对方的纪念性礼品。商务礼品一般会在礼品上带有赠予方的标志或名称等内容。

（一）常规商务礼品

常规商务礼品是在日常生活中经常能见到的用来馈赠的礼品。常规商务礼品种类繁多，价格不一，选择余地较大。

（二）定制商务礼品

定制商务礼品即为企业或个人定制的礼品，是指以企业标志（如商标、名称）、企业文化、企业标志建筑物、企业吉祥物、企业属性、企业领袖、企业产品、商务活动主题等为题材设计的礼品。个人定制商务礼品是指以赠送重要对象的名字、生肖、生日、形象、喜好等为特征而特别精选或设计的礼品。

三、商务礼品的选择

在许多文化中，礼物的赠送被认为是一门艺术，也被认为是建立跨文化商务社会关系的一个不可缺少的部分。细心地选择礼物、包装，并在适当的时间送出，会向别人传达你的善解人意和体贴礼貌。如何选择礼品，选择何种礼品要考虑以下几点。

（一）收礼人的特点

礼品的价值绝不可用金钱来衡量。尽管金钱可以买到昂贵的礼物，但昂贵的礼物不一定是最合适、最令对方满意的。商务往来，特别是国际性交往活动中，人们所看重的并不是礼品的价格，而是通过礼品所传递的那份情谊。因此，选择商用礼品时应首要考虑收礼方的性别、婚姻状况、教育背景、风俗习惯等。最好选择那种具有鲜明特点和特定意义、符合礼仪规范的礼品。这样，既不会增加收礼人的心理负担，又能受到对方的重视和喜爱。

（二）收礼人的喜好

选择礼品，应尽量满足对方的兴趣与爱好。俗话说："酒逢知己千杯少，话不投机半句多。"选择礼品也是同样道理。例如，把家藏已久的古墨送给一位擅长书法的老者，肯定会让对方喜出望外。相反，如果将它赠送给一个不识文墨的人，那就是"风马牛不相及"，失去了送礼的意义，而且对方还很有可能不领情、不重视。在选择礼品时，还要量力而行。如果仅仅是为了投其所好，而超出了企业、公司的承受能力或彼此关系的程度，不遗余力地向客商赠送满足其兴趣与爱好的礼品，不仅没有必要，而且会让对方认为此行为是另有所图，从而不敢或不便接受所赠礼品，即使接受也会于心不安。在欧美等西方国家，文化界人士之间相互馈赠的礼品以各类图书为主。无论是庆祝生日、欢送远行、祝贺节日或家庭做客，常常以书作为礼品，特别是一些对方最想得到却一直无处找寻的专业图书或珍藏古书。很多时候，如果所赠图书是送礼人自己的著作，更会受到对方的重视和喜爱。

（三）送礼的目的

选择礼品时，还要考虑送礼的目的，如选择的礼品是用于迎接客户还是送别，是慰问探望还是祝贺感谢，是节日还是婚丧等。目的不同，用途不同，礼品的意义也不同。

（四）与收礼人的关系

在选择礼品时，还应对自己与收礼人之间的关系状况加以明确，再做出选择，否则仅凭感觉，随意选择肯定是行不通的。对待跨境商务往来的对象与私人交往的对象、个人与集体、老友与新朋、家人与外人、同性与异性、国内人士与国外人士等，在选择礼品时都应该区别对待。通常，商务人士代表本企业、公司为客商选择礼品时，主要侧重于礼品的精神价值和纪念意义。比如送别客商时所赠送的礼物，其主要意义在于留念，而不在于礼品本身的价格。所以，一些企业、公司自己设计并定制的带有本单位名称的纪念章、纪念物等都是与来访客商、业务客户分别时常见的赠品。跨境商务人士在涉外交往中更要注意礼品的选择。一般情况下，给第一次拜访的外国客商赠送礼品，带有中国特色的礼品是不二之选，如唐三彩、景泰蓝、真丝品等。其他的礼物，像中国名酒、名茶、带有各种地方特色的小礼物也是十分理想的。此外，在私人交往中，选择礼品的余地可以更宽泛一些，但是仍然要明确赠送礼品的意义仅在于向友人表达自己的真情与友谊。

（五）收礼人的风俗习惯

（1）美国人喜爱奇特的礼品。他们不太注重礼物的价格，讲究实用和奇特，尤其喜欢具有独特风格或民族特色的小礼品，像我国的"兵马俑"、一瓶上好的葡萄酒或烈性酒、一件高雅的装饰品，都是合适的礼物。

（2）法国人很浪漫，崇尚艺术，喜欢具有知识性、艺术性和有纪念意义的礼物，如画片、艺术相册、小工艺品和有特色的仿古礼品等。

（3）英国人一般只送较便宜的礼品，如果礼品价格很高，就会被误认为是一种贿赂。送一些巧克力、一瓶酒或鲜花，都能得到收礼者的喜爱。

（4）德国人在馈赠和接受礼物方面，讲究经济实用，而不是攀比礼物的价格高低，充分体现了勤俭节约、注重实际的作风。此外，德国人对礼品外观比较讲究，尽管买回来的礼品有原包装，但德国人还是喜欢用专门的包装纸将礼物再修饰一番。在德国人看来，礼物不在大小，情谊才是最珍贵的。应邀到德国朋友家做客，一束鲜花、一盒中国茶叶就会让主人非常高兴。

（5）俄罗斯人素来以热情、豪放而闻名，鲜花是最常向他们赠送的礼品之一。俄罗斯人认为，花能反映人的情感、品格，所以送花时要非常讲究花的搭配。

四、注意事项

（一）选择适合的商务礼品

1. 宜选的商务礼品

具有宣传性，能推广、宣传企业形象的商务礼品；具有纪念意义，能给客户留下深刻印象，达到友善、和睦交往目的的商务礼品；具有独特性，人无我有、人有我优的商务礼品；具有时尚性，紧跟时尚、不落伍的商务礼品；具有便携性，不易碎、不笨重的商务礼品。

2. 忌选的商务礼品

大额现金、有价证券，金银珠宝、贵重首饰，粗制滥造或过季商品，药品或营养品，违反社会公德和法律规章的物品，涉及黄、赌、毒的物品，有违民族习俗、信仰、生活习惯的物品。

（二）注重商务礼品的包装

包装作为礼品不可缺少的外在形式，已逐渐成为礼品的重要组成部分，可起到美化礼品、增加礼品价值的作用。包装是形式，礼品是内容，二者结合起来，才会产生和谐美。就这点而言，包装与礼品是一体的，而不是附属物。

（三）在商务礼品上不能留有价格标签

如果是从商店购买的商务礼品，商品上不能留有价格标签。商务礼品上留有价格标签是一件很失礼的事情。

【案例】

李丽是一家企业的老总。美国一家企业的经理查理先生到当地考察，寻找合作伙伴，当地经贸部门为包括李丽的企业在内的相关企业以及查理先生举办了一次座谈会。座谈会期间，李丽得知查理的夫人也来了，对方是第一次到中国，对中国的风土人情很感兴趣。会后，精通英语的李丽自告奋勇地当起导游，陪同查理夫人在当地游览观光。闲谈时李丽得知查里先生喜欢喝中国的绿茶，细心的李丽还发现查理夫人的服装、箱包均以咖啡色系为主。考察结束，在查理夫妇准备回国之际，李丽送给他们一件精心包装的礼品盒，礼品盒里装有咖啡色的景德镇茶具和西湖龙井。查理及夫人非常高兴，并说这是他们收到的最好的礼物，李丽的真诚和体贴非常让人感动。尽管最后他们双方的企业并不适合合作，但是李丽和查理一家却成了好朋友，查理还为李丽的企业推荐了合适的合作伙伴。

（资料来源：结合网络资料整理）

【知识拓展】

国内、外送礼的不同"规则"

与中国人送礼不同，国外送礼有独特之处，一些基本的、约定俗成的"规则"主要是：

外国人在送礼及收礼时，都很少有谦卑之词。中国人在送礼时习惯说"小意思，请笑纳"，但外国人认为这有遭贬之嫌。中国人习惯在收礼时说"受之有愧"等自谦语，而外国人认为这是无礼的行为，会使送礼者不愉快甚至难堪。所以，当接受宾朋的礼品时，绝大多数国家的人是用双手接过礼品，并向对方致谢。

送礼花费不大，礼品不必太贵重。太贵重的礼物送人不妥当，易引起"重礼之下，必有所求"的猜测。一般可送点纪念品、鲜花或给对方儿童买件称心的小玩具。

外国人送礼十分讲究外包装精美。

送礼一定要公开、大方。把礼品不声不响地丢在某个角落然后离开是不恰当的。

（资料来源：结合网络资料整理）

单元二　礼品赠送礼仪

成功的赠送行为，能够恰到好处地向受赠者表达赠送者友好、敬重等情感，并因此让受赠者产生深刻的印象。

一、礼品赠送的时机

一般而言，赠礼的时间最好安排在节假日以及对方的纪念日，如中秋节、春节、生日、婚礼、周年纪念等。

当众只给一群人中的某一个人赠礼是不合适的，会使收礼人有受贿或受愚弄之感，还会使没有受礼的人有受冷落和受轻视之感。

给关系密切的人送礼不宜在公开场合进行，只有礼轻情重的礼物才适宜在公众面前赠送。

表达特殊情感的特殊礼品，不适合在公众面前赠予。

当面赠送礼品时，还要特别注意自己的言谈举止。要做到神态自若，举止大方、得体。赠送时应面带微笑，目视对方，以双手递出。赠送之后，还应主动与客商热情握手。赠送过程中，绝不可一只手递交礼品，特别是面对有宗教背景的客商时，不可用左手递交礼品，更不能偷偷摸摸、手足无措或悄悄乱塞、乱放，好像见不得人一般。对于远在其他城市或国家的客商，无法当面赠送礼品时，可以通过邮寄方式或托第三人赠送礼品。此时，通常要随礼品附上一份礼笺，并在上面以非常正式规范的语句写上赠送礼品的缘由，最后还要署上赠礼单位的全称及赠礼人的姓名。

赠送礼品最好当着受赠者的面进行，以便有意识地向其传达自己选择礼品时独具匠心的考虑，并观察受赠者对礼品的感受或态度。

二、礼品赠送的包装

赠礼时，应选择合适的包装对礼品略加修饰，使礼品在外观上显得更加精致、高雅，令人赏心悦目，并使受赠者对礼品产生一种探究和好奇心理，也会促使其更加重视礼品的内在价值。相反，如果赠礼时不讲究礼品包装，则不仅会使礼品在外观上逊色，还会使其内在的价值大打折扣，折损礼品所寄托的情意。包装礼品时应当注意以下两点。

（1）包装前，应先去掉礼品上的价格标签。

（2）包装材料的颜色、图案和包装后的形状不可触犯受赠者的风俗禁忌，如给信奉基督教的人赠礼时，要避免在包装上系十字状的丝带。

三、礼品赠送的顺序

若有多人在场，且需要向在场的所有人赠送礼品时，要讲究一定的顺序。一般而言，可按照尊者优先，先女士后男士、先长后幼、先职务高者后职务低者的顺序进行。

四、礼品赠送的态度

赠送礼品时，应起身站立，面带微笑，目视受赠者，双手将礼物递送给对方，并说一些礼貌的话，如"张总，这是我们公司为您准备的一份薄礼，希望您能喜欢"等。同时，还应说明送礼的原因，以免受赠者产生心理负担。平和友善的态度，落落大方的动作并伴有礼貌的语言表达，才是令双方都能接受的。

需要注意的是，送礼时不能偷偷摸摸、手足无措，也不能把礼品悄悄乱塞、乱放，好像见不得人一般，那种做贼似的悄悄地将礼品置于桌下或房间某个角落的做法，不仅达不到馈赠的目的，还会适得其反。赠送礼品时，不能一言不发，或是言词不当。

五、商务受礼的礼仪

（一）受礼要有礼节

商务人士在接受他人赠送的合法礼品时，应该落落大方、热情友好地接受对方的好意。当赠送者向自己递交礼品时，要起立用双手接受礼品，之后立即同对方热情握手，并向对方表示感谢。商务人士在接受礼品时态度要大方、恭敬有礼，不可盯着礼品不放。过早伸手接礼品，或是再三推辞后才接都是不合适的。在国内，一般没有当面打开礼品的习惯，接受礼品后要表达真挚的感谢。应将礼品摆放到一个显眼的位置，以表示对礼品的重视，绝不可将礼物随意乱放。西方人在收到礼物时都会习惯性地当着赠礼人的面打开，当面欣赏并赞美礼物。因此在国际商务交往中，接受国际商家或友人赠送的礼品之后，最好当着他们的面亲自拆开礼品的包装，认真欣赏，并当面加以赞许，以示对赠送者的尊重以及对所赠礼品的看重与喜爱之情。

（二）拒礼要有分寸

拒绝他人赠送的礼品时，要把握好分寸。拒收他人赠送的礼品时，最好是当面谢绝。拒收礼品时一方面要感谢对方的好意，另一方面要诚恳地讲明拒绝的理由，说明自己按规定难以接受对方所赠之物。要依礼而行，婉言谢绝。如果由于一些特殊原因无法当场退还时，也可暂时先收下再找机会退还。退还礼品要及时，并说明理由，致以谢意。另外，退还时还要保证礼品的完整，不可拆封后再退还或者试用后再退还。

（三）收礼后要还礼

"礼尚往来"是我国的传统礼节，也是国际商务往来的惯例。接受别人送的礼品后，应该铭记在心，在适当的时候向对方还礼。如何还礼，选择什么礼品还礼，体现了个人修养、对对方的友善以及尊重。回馈礼品时要认真考虑还礼的时间，不能今天收到礼品，明天就还礼。还礼时可选在对方有喜庆活动，如公司开业典礼、庆功宴会等时机还礼，或者选在节假日以及登门拜访、回访时还礼。

选择回礼的礼品不在于它价格的高低，但绝不能买相同的礼物，特别是不能选择相同品牌、相同品质、相同包装、同一类型的商品作为回赠对方的礼品。这样做会让对方认为你不是真心收礼，又把礼品原样还回来。应根据还礼的具体时机场合选择恰当的礼品，通常可以选择与对方所赠礼品价格大致相同或稍高的物品。

需要注意的是，日本人也很讲究还礼，但回送的礼品不会比送礼方的礼品价值高。当不愿意接受他人礼品时，他们往往会加倍还礼给对方。

【案例】

给对方麻烦的礼物

有一次王经理送客户上火车。在候车室里，他突然想到应该给客户送一瓶本地出产的名酒，于是他叫客户多等他一会儿，自己则出站买礼物。半小时后，王经理才匆匆忙忙地赶回来，手里提着一瓶酒，硬是塞给对方。客户随身带的东西已经很多，且又已打包好，而现在突然多出一样东西，他不得不重新整理一次，以腾出空间。随着检票时间临近，客户急得满头大汗。

可见，赠礼要选好时机，不然，反而会给对方带去麻烦。

【知识拓展】

送花礼仪

在人际交往之中，赠送鲜花是馈赠的一种特殊形式，也是人们常用的一种馈赠形式。送人鲜花，既可以"借物抒情"，表达感情、歌颂友谊，也可以提升整个馈赠行为的品位和境界，使之高雅脱俗、温馨浪漫。因此，在人际交往中以花相赠，是最保险、最容易成功且又皆大欢喜的一种馈赠方式。

赠花一般情况要赠送鲜花，尽量不要用干花、纸花或者是凋零的花送人。赠送鲜花，形式多种多样，可以送花束、花篮、盆花、插花或花环。

一、花的寓意

鲜花赠人，寄托的是纯粹的情意。和赠送其他礼品相比，送花显得高雅、浪漫。以花送人，并不是随便采摘或者购买一些花就可以。送花首先要对各种花的寓意有所了解，否则不但不能达到送花的目的，还会造成误会。

各种花代表的含义

水仙——自尊/单恋	牡丹——富贵/羞怯
紫藏——喜悦/长寿	玫瑰——爱情/热情
茶花——美德/谦逊	梅花——忠实/坚毅
荷花——神圣/纯洁	含羞草——敏感/可爱
牵牛花——爱情/依赖	君子兰——宝贵/高贵
康乃馨——温馨/慈祥	郁金香——名誉/美丽
木棉——热情	银杏——长寿
紫荆——故情/手足情	杜鹃——爱的快乐/节制
茉莉——你属于我/亲切	海棠——亲切/诚恳/单恋
铃兰——纤细/希望/纯洁	紫丁香——青春的回忆
百合花——纯净/神圣美	风信子——悲哀/永远怀念
金银花——真诚的爱/羁绊	紫罗兰——信任/爱的羁绊

二、不同对象送花礼仪

（1）拜访尊敬的名人、长者，可送兰花、水仙花。
（2）拜访父母，可以送剑兰花。送给母亲最适宜的花是康乃馨。
（3）恋人相会时，可以送玫瑰花、蔷薇花、丁香花。
（4）参加婚礼或者看望新婚夫妻时，可以送海棠花、并蒂莲、月季花。
（5）朋友可以送芍药花、红豆，由杉枝、香罗勤和胭脂花组成的花束。
（6）探望病人，可以送马蹄莲、康乃馨，最好不要送盆栽给病人，因为这意味着"根留医院"。

三、禁忌

1. 品种禁忌

同一品种的鲜花，在不同国家和地区寓意不同，甚至相反。如中国人喜欢荷花，因为其"出淤泥而不染，浊清涟而不妖"。但是日本人忌荷花，认为荷花同死亡相连，所以不要送荷花给日本人。

2. 色彩禁忌

不同的国家和民族对鲜花的色彩有不同的理解。中国人喜欢红色，新人结婚时，也是大红"囍"字、红色的鲜花、红色的衣服和环境布置。

在西方人眼里，白色的鲜花象征着纯洁无瑕，新人的衣裙也是白色的。但是在老一代中国人眼里，送给新人白色的花象征着"不吉利"。西方人送花多以多种颜色的鲜花组成一束，很少送清一色的黄色或红色。

送花给住在医院里治病的病人，切勿送红白相间的花。此外，英国人不喜欢除玫瑰外的其他白色或红色的花，加拿大人忌讳白色的花。

（资料来源：结合网络资料整理）

单元三　乘车礼仪

汽车是常用的现代交通工具之一，小轿车更是以其舒适性而被广为使用。在乘车时如何安排车辆和座次以及上下车的先后顺序等，也是接待方礼仪素质的表现。在乘车时应注意以下几个方面。

一、车辆的安排

根据双方人数确定车子数量和型号。安排乘车的原则是：乘车时不要有拥挤感，每辆小轿车不包括驾驶员只安排三人乘坐，每辆车都应有接待方人员陪同，以便招呼上下车和引路。车辆如有档次高低区别，请职务最高者乘坐高档次车。一般惯例是按照职务高低安排乘车顺序，首先安排外宾和接待方领导人中职务最高者乘坐第一辆小轿车，同时有一位随行人员（秘书或翻译）陪同。乘车的安排应提前告知。

二、座次的安排

乘车时的座位安排是有主次之分的。国际惯例是"以右为尊"，即右侧的座位是上座。而左右的区分以乘车人面向车辆前进方向为准。根据常识，双排座轿车的前排，特别是副驾驶位，是车上最不安全的座位。因此，针对不同的车辆要注意选择不同的位次排列，这样才能体现出一个商务人士应有的修养。

乘车座次礼仪

（一）专职驾驶员驾驶轿车的乘坐位次礼仪

由专职驾驶员驾驶的轿车通常是公务用车，用于接待客人。上下车时，一般是让客人先上车，后下车。需要注意座位的主次之别。公务接待轿车的上座指的是后排右座，也就是驾驶员对角线位置，因为后排比前排安全，右侧比左侧上下车方便。在执行公务接待时，副驾驶位一般坐秘书、翻译、保镖、警卫、办公室主任或者引导者。

在双排五人座轿车上，座位由主到次分别为：后排右座、后排左座、后排中座、副驾驶座。如果要考虑安全问题，在轿车上，后排座位比前排座位要安全得多。最不安全的座位，当数前排右座；最安全的座位，则是后排左座，即驾驶员后面的座位。一般情况将主宾或职务最高者安排在驾驶员后面的座位。虽然后排有三个座位，但是通常只坐两人。双排五人座轿车座次如图 5-1 所示。

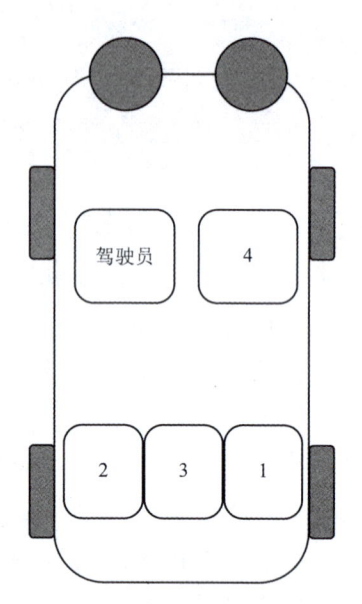

图 5-1　双排五人座轿车座次图

三排七座轿车上，其他六个座位的座次，由主到次分别为：后排右座、后排左座、后排中座、中排右座、中排左座、副驾驶座。三排七座轿车座次如图 5-2 所示。

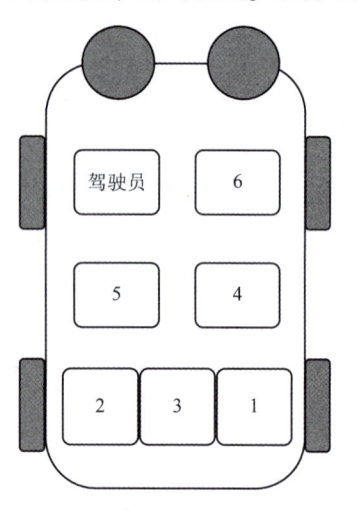

图 5-2　三排七座轿车座次图

（二）轿车主人驾驶时乘坐位次的礼仪

当主人亲自开车时，以副驾驶座为上座，这既是为了表示对主人的尊重，也是为了显示与其同舟共济。

在双排五座的轿车里，座位由主到次分别为：副驾驶座、后排右座、后排左座、后排中座。如果是主人开车送友人夫妇时，友人的男士应坐在副驾驶，其妻子坐后排座。

三排七座轿车上其他六个座位的座次，由主到次分别为：副驾驶座、中排右座、中排左座、后排右座、后排中座、后排左座。

（三）乘坐吉普车时的位次礼仪

吉普车是一种轻型越野客车，是四座车。不管由谁驾驶，其座次由主到次分别是：副驾驶座、后排右座、后排左座。吉普车座次如图 5-3 所示。

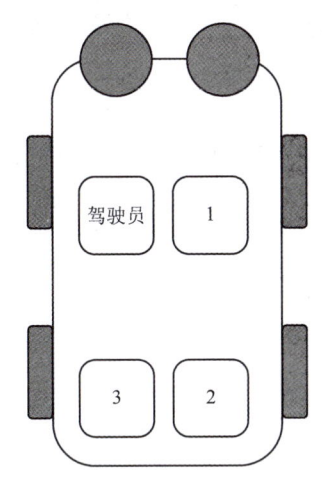

图 5-3　吉普车座次图

（四）乘坐大中型轿车时的位次礼仪

乘坐大中型轿车，无论由何人驾驶，都是以距离前门的远近来排定其具体座次的主次。即以前排为主，后排为次；同排座位以右为尊，即右主左次。大中型轿车座次如图 5-4 所示。

图 5-4　大中型轿车座次图

三、乘车的顺序

上车的时候接待方人员要请客人先上，打开车门，并用手示意，等客人坐稳后自己再上。应该请客人坐在后排座的右侧，自己坐在左侧。如果接待方有领导陪同，就请领导坐在客人左侧，自己坐在前排驾驶员的旁边。如果客人或领导已经坐好，就不必再换。在客人入座后，不要从同一车门随后而入，而应该关好车门后从车尾绕到另一侧车门上车入座。下车的时候，自己先下，为领导或客人打开车门，请他们下车。

女士上车时，得体的方法是，先背对车座，轻轻坐在座位上，合并双脚并一同收入车内。下车时，也要双脚同时着地，不可跨上跨下，有失大雅。

【案例】

小刘的座次"安排"

某公司员工小刘代表他的领导到机场迎接来本公司考察的一行6人。双方见面后，小刘安排考察团李团长坐在轿车后排的右座，可李团长却执意要坐到驾驶员旁边的副驾驶位置上，几经争让后，李团长不太情愿地坐在了后排右座。之后，李团长似乎不太高兴，小刘也感到委屈。

（资料来源：结合网络资料整理）

思考：（1）李团长为何不高兴？
（2）小刘有错吗？根据本单元的知识点，你认为应该怎样做？

单元四　送别礼仪

送别是接待工作的最后一步。做好送别工作，可以使客人充分感受到接待方的情谊，也给整个接待工作画上一个圆满的句号。

一、道别礼仪

一般情况下，告辞须由来宾提出。当来宾提出告辞时，主人通常应对其加以热情挽留。可告知对方自己"不忙"，或是请对方"再坐一会儿"。若来宾执意离去，主人可在对方率先起身后再起身相送。在道别时，来宾往往会说"就此告辞""后会有期"等。而此刻主人则一般会说"一路顺风""旅途平安"等。有时，宾主双方还会向对方互道"再见"，叮嘱对方"多多保重"，或者委托对方代问其同事、家人安好。道别行握手礼时来宾先伸手，主人后伸手。主人送到门外，目送来宾离去，或由秘书代为相送。

在送别时，需要注意以下几点。

（一）热情挽留

无论宾主双方对会面的时间长短有无具体约定，当客人提出告辞时，主人要热情挽留，不要来访者一说要走，就马上站起来相送，或者起身相留，这有逐客之嫌。如果来访者执意要走，也要等他们起身后，再起身相送。如果是重要的来访者或贵宾、远客，还可以请相关人员热情相送。如果是远客的话，要安排交通工具将其送到车站、码头或机场。分手的时候再说一些如"慢走""走好""再见""欢迎下次再来""合作愉快""祝一路平安，万事如意"等道别的话。

为了表达对来访者及其同事的友好之情，可以在恰当的时候告诉来访者代表主人或接待方人员向他们问好，比如"请向贵公司全体同仁问好""祝贵公司生意兴隆，财源茂盛""周经理这次没来真是可惜，回去一定替我问周经理好啊"等。对于比较重要的来访者，条件允许的话还可以为来访者或其同事赠送一份土特产或纪念品。切勿在客人一表达告辞之意时，就积极地提出送客、抢先起身送客，或者以某种动作、表情暗示送客之意，否则就有逐客之嫌，是极其不礼貌的。

（二）礼貌相送

送客时，客人首先伸出手来与主人相握，主人才能伸手相握。握手的同时，主人应请客人多多包涵接待工作的不妥之处,并发自内心地向客人道惜别之语,如"欢迎再来""常联系""慢走"等。握别后,主人还应礼貌地送客人一程,而不要在客人离别时不闻不问,或者在客人说"请留步"时就转身返回。对于远道而来的客人,一般应将其送至机场、码头、车站等处,待对方走后,才能返回。对于离得较近的客人,一般应将其送至本单位的大门口,然后目送客人离开,直到客人的身影完全消失后,才能返回。此外,主人还应注意,千万不要在送客返身回屋时,就砰地关上大门(避免客人返回主人处拿取遗忘的东西时看到这一幕),否则,有可能葬送先前与客人培养起来的所有感情。

(三)礼貌提示

来访者离别时,要提示他们该带的东西是否都已带走,还有没有其他需要商谈、讨论的事情等。把来访者送到门口的时候,应该站在门口目送一段时间,等来访者的身影消失后再返回来。如果有特殊的原因不得不提前返回,一定要向对方说明理由,请求谅解。否则,是非常失礼的。

二、酒店送别

在酒店送别时,按国际惯例要事先电话约定,以免因外宾外出或另有活动而落空。送别人员要比约定时间早 10 分钟到达饭店。到达饭店后要在总服务台请服务员用电话通知外宾,自己在大厅休息处等候,不要径直到外宾的房间去。外国人尤其是西方人把卧室视为私人领域,一般不让外人进入,外出住饭店也一样。等外宾出来后,由外宾决定到咖啡厅还是饭店的会客厅进行话别。如外宾的房间有套间或会客厅,也可到外宾的房间进行送别。

三、话别礼仪

在话别时,宾主双方可以就彼此之间的合作表示满意,如果来宾的日程安排有参观游览的内容,主方送行人员可以询问他们的观感。还可以表示对今后双方商务来往的希望,最后表示欢迎他们有时间再来访问、旅游。总之,话别时谈论的都比较轻松的话题。此外,话别时也可以以个人名义送一些小礼物,但一定注意,礼物除了不送贵重的,也不要送体积很大的,以免给对方接下来的旅行增加麻烦。话别的时间不要太长,一般以 20~30 分钟为宜。

四、饯行礼仪

饯行,又称饯别,是指在来宾离别之前,接待方专门为来宾举行的一次宴会,郑重其事地为对方送别。为饯行而举行的专门宴会,通常称作饯行宴会。饯行宴会在形式上较为隆重热烈,会

欢送礼仪

使来宾产生备受重视之感，从而增加宾主之间的友谊。

【案例】

美国某公司董事长一行来我国某贸易公司洽谈业务，随同来华的还有该公司的市场顾问、技术专家、秘书共四人。经过一天的会谈，双方在主要问题上基本达成一致。第二天，美方客人准备回国。按照惯例，我方公司领导要去客人下榻的饭店为客人送行。小张准备了四份具有中国特色的礼品，送给美访客人留作纪念。此礼貌周到之举，为公司赢得了美国客人的好感。

（资料来源：结合网络资料整理）

【知识检测】

一、选择题

1. 下列说法错误的是（　　）。

A. 德国人在馈赠和接受礼物方面，讲究经济实用，充分体现了勤俭节约、注重实际的作风

B. 俄罗斯人认为，花能反映人的情感、品格，所以送花时非常讲究花的搭配

C. 美国人喜爱奇特的礼品，注重礼物的价值，喜欢具有独特风格或具有收藏价值的礼品

D. 英国人一般只送较便宜的礼品，如果礼品价格很高，会被误认为是一种贿赂

2. 下列说法错误的是（　　）。

A. 车辆安排礼仪要求一般情况下按照职务高低安排乘车顺序

B. 在车辆安排中，国际惯例是"以右为尊"，即应安排职务或地位较高的人在右侧座位就坐

C. 在车辆安排中，一般根据双方人数确定车子数量和型号

D. 上车时应让客人先上，根据客人的喜好落座

3. 送别时应注意下列哪些方面？（　　）

A. 当客人提出告辞时，主人要热情挽留

B. 一般情况下，告辞时须由主人提出

C. 送客时，客人首先伸出手来与主人相握，主人才能伸手相握

D. 在酒店送别时，按国际惯例要事先电话约定，以免因外宾外出或另有活动而落空

二、判断题

1. 在选择礼品时，应对自己与收礼人之间的关系状况加以明确，再做出选择。（   ）
2. 选择礼品，应以自己的喜好为依据。（   ）
3. 多人在场的情况下，赠送礼品时，应按照喜欢谁先送谁的顺序。（   ）
4. 当面赠送礼品时，应做到神态自若，举止大方，双手递出。（   ）
5. 乘坐轿车上下车时，一般让客人先上，后下。（   ）
6. 在双排五人座轿车上，座位由主到次应当为：后排右座、后排左座、后排中座、副驾驶座。（   ）
7. 话别时可以以个人名义送一些小礼物。（   ）
8. 在酒店送别时，若外宾的房间有套间或会客厅，也可到外宾的房间进行送别。（   ）

【能力训练】

（1）小王是某外企公司销售部门人员，春节将至，受主管所托代表公司向经常合作的一些老客户赠送春节礼品，商务礼品应该如何选择？请以小组形式进行讨论后，试写出一份详细的赠送方案。

（2）某外贸公司业务员小李准备去合作公司商谈新产品合作事宜，他带上了公司对外联络用的礼品准备择机赠送。请分组演练小李从敲门至告辞（包括送礼）的整个拜访过程。

（3）模拟机场迎接，美方四人，我方四人（公司行政副经理、有关部门经理、办公室接待人员两人）。请小组讨论后给出车辆安排方案。

（4）小王刚进跨境商贸公司不久，经理让他陪同一起接待外企客户，并把洽谈结束后的送别任务交给他。小王应该做哪些准备？请以小组形式进行讨论后，试写出一份详细的送别方案。

模块六

我国主要跨境贸易伙伴国家商务礼仪

模块六　我国主要跨境贸易伙伴国家商务礼仪

【学习目标】

知识目标
- 熟悉主要贸易伙伴国家的商业习惯。
- 熟悉主要贸易伙伴国家在商务场合中的社交礼仪。

能力目标
- 能够在与伙伴国家的商务往来中合理运用各种商务礼仪。
- 能够在与伙伴国家的商务往来中尊重他国的风俗禁忌。

素质目标
- 具备良好的职业素养和礼仪风范。
- 具备国际化视野。
- 具备良好的抗压心理。

【思维导图】

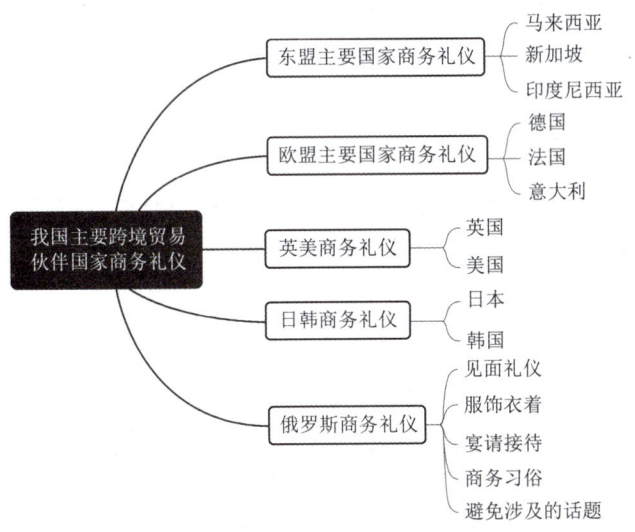

我国主要跨境贸易伙伴国家商务礼仪
- 东盟主要国家商务礼仪
  - 马来西亚
  - 新加坡
  - 印度尼西亚
- 欧盟主要国家商务礼仪
  - 德国
  - 法国
  - 意大利
- 英美商务礼仪
  - 英国
  - 美国
- 日韩商务礼仪
  - 日本
  - 韩国
- 俄罗斯商务礼仪
  - 见面礼仪
  - 服饰衣着
  - 宴请接待
  - 商务习俗
  - 避免涉及的话题

【模块背景】

经过对商务接待礼仪相关知识的学习，佳明掌握了很多跨境商务礼仪技能。随着跨境商务业务的发展，公司要积极开拓更广泛的市场。业务越做越大，佳明也被公司委任为外贸部主管，肩上有了更大的责任和压力。佳明了解到，2023年我国前五大贸易伙伴分别是东盟、欧盟、美国、日本、韩国，对应的贸易额分别为人民币6.41万亿元、5.51万亿元、4.67万亿元、2.23万亿元、2.18万亿元，合计占我国2023年进出口贸易总额的50.29%。为了更好地开拓市场，他积极地去了解这些国家的商务礼仪，以便在跨境商务交往中能够更加得心应手，不辜负公司的期望。

单元一　东盟主要国家商务礼仪

东盟全称是东南亚国家联盟，由文莱、柬埔寨、印度尼西亚、老挝、马来西亚、菲律宾、新加坡、泰国、缅甸、越南十国组成。中国与东盟各国不仅是近邻，在商务往来上也是亲密的合作伙伴。据海关统计，2020年，东盟首次成为我国最大的贸易伙伴，双方贸易额超过我国对外贸易总额的1/7。2023年我国与东盟进出口总额达到6.41万亿元人民币，东盟继续保持着我国第一大贸易伙伴的地位。

一、马来西亚

（一）见面礼仪

东盟跨境电商发展情况

马来西亚有马来人、华人、印度人三个主要群体，不同群体采用的见面礼仪也不同。

1. 握手礼

握手是马来西亚商务场合中最常见的见面礼仪之一。握手时应坚定而自信，力度适中，避免过于强硬或过于松弛。同时，握手时要注视对方的眼睛，面带微笑，以表达诚意和尊重。在握手时，应注意先后顺序，通常由主人或长辈先伸出手来，客人或年轻人再伸手回应。

2. 点头与鞠躬

在马来西亚，尤其是与马来人交往时，点头和鞠躬也是常见的见面礼仪。点头通常用于表示问候或致谢，而鞠躬则更为正式，用于表达更深的敬意。在商务场合中，可以适当地使用点头或鞠躬来表示尊重和友好。鞠躬时，身体前倾的幅度不宜过大，一般保持在15~30度之间即可。

马来人传统的问候方式是摸手礼：双方都伸出一只手或双手，互相摩擦一下对方的手心，然后双掌合十，再摸一下自己心窝。

3. 名片交换

在马来西亚，名片通常被视为个人身份和地位的象征。因此，在交换名片时，应注意以下几点：首先，名片应准备充分，保持干净整洁；其次，递送名片时，应用双手恭敬地递上，同时报出自己的姓名和职位；最后，接收名片时，也应双手接过，并认真阅读对方的名片，以示尊重。

4. 称呼与问候

在马来西亚，称呼对方时，应根据对方的职务、年龄和性别来选择合适的称呼方式。例如，对于年长者或职务较高者，可以使用"先生""女士"等尊称；对年轻人或平辈，则可以使用较为随意的称呼。在问候时，应使用礼貌的用语，如"您好""早上好"等，同时配以微笑和点头等动作，以表达友好和尊重。

（二）服饰衣着

马来西亚紧靠赤道北面，终年炎热潮湿。大部分低地白天温度和湿度都很高。

由于马来西亚终年炎热潮湿的气候原因，在商务场合中，马来西亚的商务装相对随意。男士通常穿着深色西装套装，搭配白色或浅色衬衫，很少佩戴领带。女士则穿着套装或连衣裙，颜色以深色系为主，一般会避免过于花哨或暴露的款式。马来西亚的商务人士一般会注意选择质地优良、剪裁合体的服装，以展现出专业、自信的形象。

在较为轻松的商务场合中，可以选择穿着商务休闲装。男士可以选择穿着休闲西装或便装衬衫，搭配长裤或牛仔裤。女士则可以选择穿着职业便装或连衣裙等。

在马来西亚，由于多元文化和宗教背景的影响，服饰衣着也呈现出多样化的特点。因此，在商务交往中，应尊重当地的文化和传统习俗，避免穿着与当地文化习惯不符甚至有所冒犯的服装。例如，在马来族地区，应避免穿着暴露或紧身的服装；在穆斯林地区，应避免穿着过于暴露或带有冒犯性图案的服装。

（三）宴请接待

1. 餐桌礼仪

在马来西亚，餐桌礼仪非常讲究。在用餐前，应等待主人或长辈先就座并宣布开餐后再开始用餐。在取用食物时，应使用公筷或刀叉，避免直接用手抓取。同时，应注意不要大声喧哗或用手臂横跨餐桌，保持优雅的用餐姿态。在用餐过程中，可以适当地与同桌的人进行交流和互动，但应避免谈论过于敏感或具有争议性的话题。

2. 饮食禁忌

在马来西亚，由于多元文化和宗教背景的影响，饮食禁忌也呈现出多样化的特点。因此，在宴请接待中，应了解并尊重客人的宗教信仰和饮食禁忌。例如，对于穆斯林客人，应提供清真食品；对于素食者，应提供素食菜品。同时，在提供酒水时，也应注意客人的宗教信仰和饮酒习惯，避免提供不适宜的酒水。

3. 馈赠礼品

在马来西亚商务交往中，馈赠礼品是一种常见的表达尊重和友好的方式。

在选择礼品时，应考虑到客人的文化背景和喜好，避免选择过于贵重或私密的礼品。可以选择一些具有当地特色的手工艺品、食品或茶叶等作为礼品。在赠送礼品时，应双手递上并配以适当的祝福语，以表达真诚和尊重。

（四）其他礼仪注意事项

1. 尊重长辈与权威

在马来西亚，尊重长辈和权威是一种重要的价值观。因此，在与年长者或职位较高者交往时，应表现出恭敬和谦逊的态度，认真倾听他们的意见和建议。

2. 注意言行举止

在商务交往中，应注意自己的言行举止，避免使用粗鲁或冒犯性的语言和行为。在马来西亚，不可随便用食指指人，这被认为是不礼貌的行为。与马来西亚朋友握手、打招呼或赠送礼品时，千万不可用左手，因为马来人认为左手不干净，用左手接触他们是对他们的不敬。

3. 尊重当地风俗习惯

在马来西亚商务交往中，应尊重当地的风俗习惯和文化传统。例如，在参观宗教场所时，应注意穿着得体并遵守相关规定；在与当地人交往时，应了解并尊重他们的礼仪和习俗。

二、新加坡

新加坡是一个多元文化国家，因此其商务礼仪也受到多种文化的影响。

（一）握手礼仪

新加坡人见面、告别都行握手礼。因此握手是新加坡商务交往中常见的问候方式之一。在握手时，要保持适当的力度，不要过于用力或过于轻柔。要用右手握手，因为在新加坡左手被认为是不洁净的。握手时保持眼神交流和微笑，这有助于传达出自信和友好的态度。

在与新加坡人见面时，通常会使用姓氏前加上"先生"或"女士"进行称呼。例如，"Lim 先生"或"Tan 女士"。如果对方有头衔或职务，可以使用相应的称呼，如"总裁""经理"等。

（二）言语礼仪

在新加坡的商务场合，言语礼仪非常重要。要尽量保持言语的礼貌、尊重和谦逊。避免使用过于直接或冒犯性的言词，尤其在谈论有关对方的文化、信仰或个人背景方面的话题时要特别注意。

在交谈中，要尽量避免使用俚语或地方性口语，以免造成沟通障碍或误解。身体语言也是交流中的重要组成部分，要保持良好的身体姿态，不要摆出过于放松或咄咄逼人的姿势。

在与对方交谈时，要注意保持适当的眼神接触，这有助于建立信任和亲近感。同时，也要注意避免眼神接触过于强烈或频繁，以免给人带来不适。

（三）服饰衣着

在新加坡的商务环境中，穿着得体且符合商务礼仪是至关重要的。新加坡人的国服，是一种以胡姬花作为图案的服装。在日常生活里，不同民族的新加坡人的穿着打扮往往各具其民族特色。

在国家庆典和其他一些隆重的场合，新加坡人经常穿着自己的国服。在商务场合，男士通常穿着西装，搭配正式的衬衫和领带，一般选择经典的颜色如深灰色或深蓝色，并确保衣物合身、整洁。女士可以选择穿着套装、正式的裙装或职业装，选择合适的长度和剪裁，以展现出专业和自信的形象。避免穿着过于暴露或夸张的服装。新加坡人认为黑色和紫色不吉利，应尽量注意避免。

访问政府办公厅等行政部门时应着西装、穿外套，政府部门对其职员的穿着要求也较为严格，规定工作人员在工作期间不准穿奇装异服。在许多公共场所，穿着过分随便者，往往会被禁止入内。在一些公共场所，通常还会贴有"长发男子不受欢迎"的告示，以示对留长发男子的反感和警告。

配饰在商务着装中也是非常重要的组成部分。选择简约而优雅的配饰，如经典款式的手表、简约的项链或耳环等。避免选择过于华丽或夸张的配饰，以免分散对方的注意力或给人留下不专业的印象。

（四）宴请接待

在新加坡，商务宴请通常安排在餐厅或酒店。邀请对方时，应提前了解对方的饮食偏好和禁忌。主人务必要提前安排好座位，并确保每位客人都能感到舒适和受到尊重。客人应该等待主人指引座位，不要随意自选座位。

新加坡官员不接受社交性宴请，因此与他们打交道时要慎重。到新加坡人家里吃饭，可以带一束鲜花或一盒巧克力作为礼物。谈话时，可以谈论一些轻松的话题，如天气、旅行或文化。避免谈论政治、宗教或敏感话题，以免引起不必要的争论或尴尬。

（五）其他礼仪注意事项

在新加坡进行商务活动时，还需要注意其他一些礼仪事项。

1. 名片交换

名片交换是商务交往中常见的礼仪之一。在交换名片时，要使用双手递交，并在接收名片后仔细查看，表示对对方的重视。在会议结束后，可以将收到的名片整理好并放置在专门的名片夹或盒中。

2. 准时

准时是非常重要的，尤其是在商务场合。如果因故不能准时到达，务必提前通知主办方，并表示诚挚的歉意。

3. 社会公德

在新加坡，人们普遍讲究社会公德。政府通过严格的法律去促使人们提高社会公德意识。在新加坡的公共交通工具中，有些食品被视为禁忌食品，如榴梿、烤肉串等。人们被要求不能在乘坐公共交通工具时食用这些食品，以避免引起其他乘客不适和污染环境。在公共场合不准吸烟、吐痰和随地乱扔废弃物品，否则会受到重罚。

三、印度尼西亚

（一）见面礼仪

印度尼西亚的民族构成非常复杂，有300多个民族，每个民族都有其不同的风俗习惯。

在印度尼西亚，与对方见面时，可以采用传统的问候方式，即双手合十于胸前，微笑并点头示意。握手在某些地区，尤其是雅加达受教育程度高的地区，也被广泛接受。但需要注意的是，男士对戴面纱的女伊斯兰教徒不应主动伸手要求握手，这是出于对其宗教和文化的尊重。

印度尼西亚是一个多宗教国家，伊斯兰教是其主要宗教之一。在伊斯兰教中，对于身体的接触和互动是有规定和限制的。虽然握手并不是完全被禁止的行为，但在某些保守的伊斯兰教社区或群体中，人们可能更倾向于避免与异性或陌生人握手，以遵守教义和保持个人的谦逊。

此外，个人习惯、社会地位和职业背景等因素也可能影响印度尼西亚人是否接受握手。有些人可能由于个人偏好或习惯而不喜欢握手，或者由于职业要求而需要保持一定的距离和正式度。

在所有的印度尼西亚民族中，在公共场所亲吻都是不可接受的行为。

（二）商业习惯

印度尼西亚人的生活节奏相对较慢，因此在商务谈判中需要有耐心，不要急于求成，这也是对对方文化的一种尊重。

印度尼西亚人对待时间的比较态度随意，一般情况下无须预约便可安排会面。只有大型公司才要求至少提前一周进行预约。

在印度尼西亚，多数商务谈判和商务函电都使用英语。然而，尝试使用印度尼西亚语会更受对方的赞赏。印度尼西亚语是印度尼西亚的官方语言，尽管许多政府官员会讲一些英文，但他们会更喜欢用本国语言主持会议或谈判。

印度尼西亚人非常重视商业诚信和产品质量。在购买决策上，除了对价格比较敏感，他们还很注重产品的质量、耐用性以及售后服务。因此，企业在提供性价比高的产品的同时，务必保证产品质量过关，并提供完善的售后服务，以便赢得印度尼西亚客户的信赖与口碑。

印度尼西亚人非常注重人际关系和社区互动。在商务交往中，他们倾向于建立长期且稳定的合作关系，因此，在初次见面时表现出友好和真诚的态度至关重要。在商务洽谈中，印度尼西亚人也会尽力展现对对方的尊重和友善，期望通过互信和互利的关系推动商业合作。

在印度尼西亚，每个人都有一定的社会地位，每个人在"重要性等级"中都有一定的位置。在印度尼西亚人没有弄清地位孰高孰低或是相同之前，很难与其成功地交谈。即使用英语交谈，印度尼西亚人也要首先弄清对方的地位。

（三）用餐与礼物

在用餐方面，印度尼西亚人有独特的习俗。他们的主食多为大米、玉米或薯类，菜肴多为鱼、虾、牛肉等制品。在用餐时，他们习惯用手抓取饭食，而不是使用刀叉。如果客人不习惯这种方式，主人通常会提供餐具以适应客人的需求。此外，印度尼西亚人通常不喜欢热饭、热菜和热汤，饭后习惯喝咖啡或红茶。因此，在招待客人时，主人会注意提供符合客人口味要求的饮品。

互相赠送礼物也是印度尼西亚文化的传统。

在选择礼物时，可以考虑一些具有当地特色的物品或符合对方喜好的礼品，以表达诚意和尊重。印度尼西亚人通常会考虑对方的喜好和文化背景来选择礼物。例如，茶叶、清凉油等是常见的礼物选择，因为这些物品既实用又能体现主人对客人的关心。此外，茉莉花作为纯洁和友谊的象征，也是受欢迎的礼物之一。对于印度尼西亚客户的孩子，可以考虑送一些玩具，这通常能够赢得他们的喜爱。

印度尼西亚人一般不要求客人随身携带礼物，但客人收到主人礼物后表示感谢的客套话总是受欢迎的。主人若有礼物馈赠，应亲切有礼地接受，因为推却不受是不礼貌的。

在礼物馈赠者面前不应打开礼物。当着对方的面拆开礼物，会让人觉得接受者贪婪、没有耐心。更糟糕的是，如果礼品不太适合或大煞风景，当面拆开会让人陷入尴尬的境地。接受者应当略表谢意，然后等馈赠者离开后再拆礼物。

【案例】

　　王小姐是一名职场白领，她聪明漂亮，待人热情，工作出色。有一次，王小姐所在的公司派她和几名同事一道前往东南亚某国洽谈业务。可是，平时向来处事稳重、举止大方的王小姐，在访问那个国家期间，竟然由于行为不慎而招惹了一场不大不小的麻烦。

　　事情的经过是这样的：王小姐和她的同事一抵达目的地，就受到了东道主的热烈欢迎，在随之为他们特意举行的欢迎宴会上，主人亲自为每一位来自中国的嘉宾递上一杯当地的特产饮料，以示敬意。当主人向王小姐递送饮料时，一直是"左撇子"的王小姐不假思索，自然而然地抬起自己的左手去接饮料。见此情景，主人神色骤变，重重地将饮料放回桌上。

　　点评：

　　"以右为上"是国际惯例，右手被称为"尊贵之手"，可用于进餐、递送物品及向别人施礼。在东南亚国家，左手被视为"不洁之手"，用左手递接物品，或者与人接触、施礼，被当地人公认为是一种蓄意侮辱。

（资料来源：结合网络资料整理）

单元二　欧盟主要国家商务礼仪

一、德国

德国，作为欧洲的经济大国，拥有深厚的工业基础和高度发达的科技水平。其严谨、高效、务实的商业文化，为全球所瞩目。德国是一个注重效率、正式性和准确性的国家，德国商务人士在跨境商务中的礼仪和行为举止也反映了这种特点。

（一）见面礼仪

1. 握手

在德国，见面时的问候方式通常比较正式和直接。最常见的问候方式是握手，与德国人握手时必须注意两点：一是握手要用右手，伸手动作要大方，且握手时务必要坦然地注视着对方；二是握手的时间宜长一些，晃动的次数宜多一些，握手时所用的力度宜大一些。如果对方身份高，则须等他先伸手，再与他握手。

握手的同时，可以配以简单的问候语，如"Guten Tag（您好）"或"Grüßen Sie（您好）"。在较为随意的场合，点头致意也是常见的问候方式，但同样需要保持真诚和尊重。而与熟人、朋友和亲人相见时，一般行拥抱礼。

2. 称呼

称呼在德国商务礼仪中非常重要，它体现了对对方的尊重和职位的认可。在正式场合，德国人通常会使用对方的头衔和姓氏来称呼对方，如"Herr Direktor Müller（米勒董事先生）"或"Frau Präsidentin Schmidt（施密特主席女士）"。这种称呼方式既体现了对对方职位的尊重，也避免了使用过于亲密或随意的称呼可能带来的尴尬。

在非正式场合，可以使用对方的教名加上表示"您"的敬语"Sie"来称呼，如"Peter Sie（彼得先生）"或"Anna Sie（安娜女士）"。但需要注意的是，即使关系亲密，也应避免使用过于随意的称呼，以免给对方留下不专业的印象。

3. 名片

名片在德国的商务场合中扮演着重要的角色。交换名片不仅是一种礼仪，更是展示个人身份和提供联系方式的重要渠道。在交换名片时，应注意以下几点。

首先，名片的设计应简洁大方，包含必要的信息，如姓名、职务、公司名称、联系电话和电子邮件地址等。避免使用过于花哨或复杂的设计，以免给对方留下不专业的印象。

其次，交换名片的时机通常在初次见面或会议开始时。在递出名片时，应双手递上，同时配以简单的介绍语，如"这是我的名片，请多关照"。接收名片时，也应双手接过，并认真查看对方的名片，以示尊重。

最后，接收名片后，应妥善保存，避免随意丢弃或遗忘。如果需要记录对方的信息，可以在名片背面做简短笔记，以便后续联系。

（二）服饰衣着

德国人在正式场合露面时，必须要穿戴得整整齐齐，衣着颜色以深色系为主。在商务交往中，他们讲究男士穿三件套西装，女士穿裙式服装。但无论穿什么，不要把手放在口袋里，因为这被认为是无礼的表现。

德国人在穿着打扮上的总体风格是庄重、朴素、整洁。在一般情况下，德国人的衣着较为简朴。男士大多爱穿西装、夹克，并喜欢戴呢帽。女士们则大多爱穿翻领长衫和色彩、图案淡雅的长裙。

（三）宴请接待

正式宴请场合，德国人非常重视座次的安排。一般来说，在宴请活动中，主人会事先安排好座位，客人们按照指定的座次就座。值得注意的是，德国餐桌礼仪中"以左为尊"，这与国际惯例"以右为尊"的观念有所不同。男女主人通常坐在靠近上菜位置的下座。

德国人非常注重餐具的使用和摆放。例如，刀叉并排平行地放在盘上表示已经吃饱、停止进餐，而刀叉相交放在盘中则意味着稍事休息后还将继续用餐。这种细致的餐具使用规则体现了德国人对礼仪的严谨态度。

德国人有很强的时间观念，对约定好的时间非常在意。无论是商务宴请还是私人聚会，迟到或过早到达都会被视为不礼貌的行为。因此，受邀参加德国人的宴请活动时，务必准时到达。

去德国人家里参加宴请，鲜花是送给女主人的最好礼物，但必须要单数，一般五朵或七朵即可，且不宜选择玫瑰或蔷薇，因为在德国的文化习俗中前者表示求爱，后者则专用于悼亡。收到礼品后，德国人会马上打开，并向送礼人表示感谢。

（四）其他礼仪注意事项

德国人非常重视个人隐私的保护。在商务交往中，应避免询问过于私人的问题或涉及敏感的话题。同时，在处理商务文件和信息时，也应遵守相关的隐私保护法规，确保信息安全。

德国是一个注重环保的国家，在商务活动中也积极倡导环保理念。在商务场合中，应尽量减少纸质文件的使用，提倡无纸化沟通；在会议或活动中，应提供环保的餐饮服务和用品；在出行方面，应尽量选择环保的交通方式。

二、法国

（一）见面礼仪

法国人大多性格开朗、外向，比较善于结交新朋友，他们会主动与人握手，这是一种普遍的问候方式。握手时，法国人喜欢轻快而有力的方式，这既是一种问候，也体现了他们的自信和热情。但对于社会地位较高的人，不应主动伸手去握手，以示尊重。

除了握手礼，还有拥抱礼和吻面礼。拥抱礼和吻面礼只用于与久别重逢的亲朋好友见面时。在行礼的过程中，他们往往要同时在对方的双颊上交替互吻几次，还讲究亲吻时要发出声响，意在表示亲切友好。

在称呼上，法国人习惯使用敬语，如"Monsieur（先生）"或"Madame（女士）"，并在后续对话中使用对方的姓氏加"Monsieur/Madame"（如"Monsieur Dupont"），除非对方明确指示可以使用他们的名字，否则不要直呼其名，以表示对对方的尊重和礼貌。

在谈话过程中，法国人喜欢用手势来表达自己的意思，但这些手势并不代表特定的含义，只是一种习惯性的表达方式。在交谈时，应保持适当的距离，避免过于接近或过于疏远，以免让人感到不适。

（二）餐桌礼仪

法国是世界著名的美食之邦，因此餐桌礼仪在法国文化中占据着重要的位置。在商务活动中，与法国人一起进餐时，应尊重对方的饮食习惯和礼仪规范。例如，在点餐时应避免点过多的食物或饮料，以免浪费或给对方留下不良印象。在用餐过程中，应保持优雅的姿态和礼貌的举止，如用纸巾轻拭嘴角、用刀叉按顺序切割食物，不应大声喧哗或将手肘放在桌子上等。

此外，在餐桌上谈论商务话题也是不合适的。法国人喜欢在用餐时享受美食和与朋友交流，因此应避免在餐桌上谈论严肃的商务问题。

（三）服饰衣着

在正式场合，法国人通常选择穿着西装、套裙或连衣裙。这些服装的颜色多为蓝色、灰色或黑色，材质则多为纯羊毛，以展现其优雅和庄重。出席庆典仪式时，法国人通常会穿着礼服。男士可能会选择配以蝴蝶结的燕尾服或黑色西装套装，而女士则可能选择连衣裙式的单色大礼服或小礼服，以展现其高贵和典雅。

法国人认为，穿着打扮重在搭配是否得当。他们在选择发型、手袋、帽子、鞋子、手表、眼镜等配饰时，都非常强调要使之与整体着装相协调、相一致，以营造一种精致而和谐的整体效果。

法国人非常注重服饰的细节，例如，衬衫是否熨烫平整，衣物是否干净整洁等。他们认为，这些细节能够反映一个人的品位和修养，也是展现个人形象的重要组成部分。

（四）其他礼仪注意事项

尊重法国人的文化和习俗，避免触犯他们的禁忌或敏感点。例如，在法国，人们忌讳"13"和"星期五"。在涉及数字的选择时，应尽量避免使用这两个数字，以免让对方产生负面的联想。法国人通常不喜欢墨绿色，因为墨绿色会让他们联想到纳粹军服，这是法国人民心中深深的伤痛和不可碰触禁忌。

同时，法国人忌讳过多地谈论个人私事，如年龄、婚姻状况、宗教信仰、政治观点等。这些话题在法国人看来属于个人隐私范畴，不适合在商务场合中讨论。因此，在与法国人进行商务交流时，应避免触及这些敏感话题。

另外，要使用恰当的语言和表达方式。不要使用过于直接或粗鲁的言词，以免给对方造成不必要的误解。同时，应注重与对方的沟通和交流，了解对方的需求和期望，以达成更好的合作效果。

三、意大利

（一）见面礼仪

在意大利，人们通常会用"buongiorno（早上好）"或"buonasera（晚上好）"来问候对方。对朋友或熟人，他们可能会使用更亲密的问候，如"ciao（你好）"。如果是正式场合，尤其是与陌生人或长辈见面时，他们可能会使用对方的姓氏加上"signore（先生）"或"signora（女士）"来称呼对方。

意大利女性在做生意或签署有关文件的时候，总是习惯用她们结婚前的姓氏。在业务以外的其他领域，她们普遍使用自己结婚后的姓氏。

握手是一种常见的见面礼节。握手时，意大利人会用力握住对方的手，并保持眼神接触，时间约5秒。这既是对对方的尊重，也是展示自己诚意的方式。

在亲密关系中，意大利人可能会用脸颊接触的方式来致以问候之吻，通常是左右两边各亲一次。而对于久别重逢的亲朋好友，他们则会热情地拥抱。这种亲密的身体接触是表达友情和亲情的重要方式。

（二）服饰衣着

意大利是闻名世界的时尚中心。意大利人穿着优雅，他们热爱时尚，总是穿着最新的流行款式。即使是那些生活在小城镇的人也会在他们的衣物上花费大量的金钱。意大利人不喜欢那些穿着破旧衣服的人，因此很少会在意大利看到有人穿着这样的装束。

意大利人在商务场合的着装通常比较正式。男士一般选择穿着深色西装套装，搭配素色衬衫和领带，避免选择过于花哨的颜色或图案。女士则选择穿着套装或职业连衣裙，颜色以深色系或中性色为主，搭配简约而优雅的鞋子和配饰。同时，注意避免穿着过于暴露或过于休闲的服装。

意大利人非常注重服装的细节和品质。服装的材质、剪裁和搭配都会认真考虑。比如西装会选择挺括、有光泽的优质面料，鞋子则选择皮质优良的经典款式。另外，配饰如领带、手表、公文包等也要与整体着装风格相协调，展现出专业形象。

此外，在意大利商务场合中，还需要注意不同地区和文化背景的差异。例如，在南方地区，人们可能更加注重时尚和个性，而在北方地区，人们则可能更加注重传统。因此，在参加商务活动时，应该根据具体情况进行适当调整，以适应当地的文化和习惯。

（三）餐桌礼仪

意大利人在用餐入座时，通常会遵循女士优先的原则，无论是就座还是离席，都会优先照顾女士，以体现对女士的尊重和爱护。

正式的意大利餐桌上通常会摆放多套餐具，包括不同大小的刀叉、汤匙和杯子，分别用于前菜、主菜、海鲜、肉排以及甜品。使用餐具时，应从外侧向内侧依次使用，不可随意交叉或混淆。

在用餐过程中，意大利人非常注重餐桌上的交流。他们喜欢与家人和朋友分享食物和逸闻轶事，认为这是一种亲密和友好的交流方式。同时，他们也十分爱惜食物，不浪费，并尽量保持餐桌的整洁。

另外，意大利餐桌上面包和橄榄油的使用也有特定的礼仪。面包应该用手撕成小块食用，而不是直接用嘴咬。橄榄油是常见的调味品，但通常应倒在自己的盘子里使用，而不是直接蘸取。

在用餐结束后，意大利人通常会等待主人示意离席后，才开始离开座位。这既是对主人的尊重，也是对用餐礼仪的遵守。

（四）其他礼仪注意事项

意大利人通常比较直接和坦率，喜欢开门见山，直接表达自己的观点和需求。然而，这并不意味着可以忽视礼貌和尊重。在沟通时，应使用敬语和礼貌用语，避免使用冒犯性或贬低性的言词。同时，耐心倾听对方的意见和建议也是非常重要的，这有助于建立良好的沟通氛围，促进双方的合作。

商务交往中，应避免与意大利人谈论政治、宗教等敏感话题。这些话题往往容易引起争议和分歧，影响双方的关系。此外，谈论个人隐私也是不被允许的，意大利人非常注重个人隐私的保护，不喜欢在商务场合谈论家庭、婚姻等私事。

在意大利，送礼是一种表达尊重和友好的方式。然而，在送礼时需要注意一些禁忌。首先，礼物的价值不宜过高，以免给对方带来压力或误解。其次，应避免送一些具有特殊含义或象征意义的礼物，如菊花（在意大利文化中象征死亡和葬礼）等。最好选择一些具有意大利特色的礼品，如葡萄酒、橄榄油，既能表达诚意，又能体现对当地文化的尊重。

意大利人也同样忌讳"13"和"星期五"。他们认为"13"象征着"厄兆"，"星期五"也是极不吉利的。他们忌讳别人用目光盯视，认为盯视他人是对人的不尊敬，可能还有不良的企图。永远不要模仿意大利人的动作，这种做法会严重冒犯意大利人。

在空间观念上，意大利人习惯聚成一团，大家彼此之间非常接近地工作。在两个对话者之间，80厘米的距离是最让意大利人感到舒适的。如果谈话人从这个距离再往后退，他们会认为是在躲避他们，或者是发现了他们身上有什么不妥。如果跟他们更贴近一点会使他们感觉自己很受欢迎。

另外，还有一些行为也是被视为不礼貌或禁忌的。例如，大声喧哗、随地吐痰、乱扔垃圾等行为都是不被接受的。意大利人非常重视礼仪和秩序，因此在商务场合中应保持安静、有序，避免影响他人或破坏氛围。

【案例】

彼此的"距离"

有一位意大利小姐在同一位美国男士会谈时，意大利小姐按自己的习惯不由自主地挨近美国男士，弄得这位美国男士连连后退，致使这位意大利小姐不知所措。最后，意大利小姐非常尴尬，以为对方讨厌自己，结果两个人之间的气氛变得非常不和谐……

启示：

　　了解和掌握对话双方的距离，对谈话的进展是十分重要的。在世界各地，不同民族的人在交谈时保持的距离也是不一样的。因此，对于这些涉外礼仪，一定要掌握得非常清楚，才不会出现类似这种尴尬的局面。

（资料来源：王艳、王彦群的《国际商务礼仪》）

单元三　英美商务礼仪

一、英国

(一) 见面礼仪

在商务活动中，握手是英国人初次见面或者表示赞同与祝贺时的基本礼仪。行礼时，距对方约一步，上身稍前倾，伸右手，四指并齐，拇指与手掌分开伸向对方。切忌一脚门里一脚门外与人握手。握手时间一般来说应控制在3~5秒之间，这个时间既不会显得过于匆忙，也不会让人感到拖沓。和初次见面的女士通常不握手，只行鞠躬礼。同男人握手越紧，表示友情越深，和女士握手则需轻一些。引荐客人也有特定的礼仪规矩：把职务低的人引荐给职务高的人；把年轻人引荐给老年人。

称呼时，英国人通常会使用对方的姓氏加上适当的称谓，如"Mr. (先生)""Ms. (女士)"或"Dr. (博士)"等。在不确定对方的职务或身份时，可以先询问对方，以避免尴尬或冒犯。

此外，无论男女，都应保持仪容整洁，包括修剪整齐的胡须、整洁的头发和适当的妆容。在商务活动中，保持良好的个人卫生和形象是非常重要的。

(二) 服饰礼仪

男士在商务活动中通常穿着正式的西装，颜色以深色系为主，如深蓝或深灰色，以体现稳重和专业。衬衫方面，白色或浅蓝色的衬衫是常见的选择，搭配一条经典的商务领带，注意避免条纹领带，因为这可能让英国人联想到旧"军团"或老学校的制服领带。裤子要保持整洁，纽扣要全部扣好。鞋子方面，黑色或深棕色的皮鞋是最佳选择。

女士在商务活动中则要穿着得体、大方，展现出专业和自信。职业套装或裙装是常见的选择，颜色以中性色或深色系为主，避免选择过于花哨或暴露的服饰。衬衫或上衣可以搭配简洁的饰品，但应避免选择过于夸张或引人注目的配饰。鞋子方面，中跟或平底鞋是较为合适的选择，颜色也应与整体着装相协调。

在参加正式场合如会议、晚宴或商务洽谈时，着装要求更为严格。男士需穿着全套西装，女士则需穿着正式的礼服或长裙，并且要特别注意细节，如领带、手帕、鞋子和珠宝的搭配，以展现个人品位和对场合的尊重。

（三）宴请礼仪

英国人一般不会邀请对方在早餐时谈生意，他们更重视午餐和晚餐，尤其是晚餐，人们将之视为正餐。英国人通常不喜欢邀请商务伙伴到家中饮宴，而是更倾向于在酒店或饭店进行商务宴请。

在参加宴会时，英国人非常重视衣着。在正式的商务宴会上，他们通常会穿着正式的西装或礼服，并要求客人也着装得体。此外，英国人在宴会上通常不会劝酒，而是让客人自行决定饮用量。

在餐桌上，英国人遵循一些特定的规矩。例如，他们不会在席间布菜，而是让客人根据自己的喜好取用。同时，他们通常会将取用的菜吃光，以示礼貌。在进餐时，吸烟被视为失礼，因此应避免在正式的宴会上吸烟。

一般来说，英国人更偏爱传统和熟悉的菜肴，对于某些具有强烈气味或特殊口味的食品，他们可能会持保留态度。可以说英国人普遍不太接受过于辛辣或重口味的食物，他们更倾向于温和、清淡的口味。此外，对于某些特殊食材，如某些昆虫或奇特的海洋生物，他们可能会感到陌生和抵触。

此外，英国人对下午茶有特别的喜好，如果在商务活动中遇到被邀请一起喝下午茶的情况，应欣然接受。在喝茶时，英国人通常会使用精致的茶具，并遵循一定的泡茶和品茶礼仪。

在结束宴请时，受到款待的一方应表示感谢。若事后通过致函表示谢意，更能引起对方的注意和好感。

（四）其他礼仪注意事项

一般情况下，英国人不会在商务会议或达成某项共识的时候互赠礼物。尽管他们能够接受这种做法，但是，他们不会主动这样做。在圣诞节的时候，如果给英国同事送礼物，他们通常不会回赠。

受邀去往英国人家中时，作为礼物可以送鲜花（不要送百合和菊花，英国人十分忌讳，另外也不要送给他们蔷薇，因为这是用来为悼念去世的人的）、白酒、香槟酒或巧克力。不要选择带有送礼人公司标记的纪念品，也不要选择涉及个人私生活的服饰、香皂之类的物品。钢笔、图书、办公桌装饰品等是受欢迎的礼物。礼物无须过于贵重，否则会有行贿之嫌。

英国人平时十分宠爱动物，尤其喜欢狗和猫（黑色的猫例外），但是他们讨厌大象、孔雀与猫头鹰。英国人不喜欢的颜色是墨绿色。在握手、干杯或摆放餐具时无意中出现了类似十字架的图案，他们也认为是十分倒霉的事情。

他们忌讳数字也是"13"和"星期五"，他们认为"13"是代表厄运来临的数字。如果13日恰好是星期五，那就更不吉利了。与英国人打交道时，动手拍打别人、跷起"二郎腿"，右手拇指与食指构成"V"形时手背向外，都是失礼的动作。

二、美国

（一）见面礼仪

用餐礼仪的案例分析

握手是美国人常见的打招呼方式。在握手时，美国人通常保持直接的目光接触，微微躬身，并展现出坚定的握手力度，他们认为这样才算是礼貌的举止。握手时通常会保持一定的身体距离，不喜欢双方离得太近。

美国人在谈话时尤其不喜欢双方离得太近，习惯于两人的身体保持一定的距离。一般来说，这个距离应在120～150厘米之间，最少也不得小于50厘米。当然，具体的距离可能会根据文化、地区和个人习惯的不同而有所变化。因此，在与美国人进行商务会面时，最好先观察对方的反应和习惯，再适时调整自己同对方的距离，以确保交流的顺畅和舒适。

称呼也是见面礼仪的一部分，美国人的性格相对直接、干脆，他们通常更倾向于使用名字来称呼对方，而不是使用过于正式的头衔或职位。他们喜欢别人直接叫自己的名字，这被视为亲切友好的表示。即使是初次见面，他们也可能在自我介绍后直接称呼对方的名字，以营造一种轻松和亲近的氛围。

对于较为熟悉或关系较为密切的同事或商业伙伴，美国人可能会使用更加随意的称呼，如"伙计""朋友"等，但这需要根据双方的关系和对方的接受程度来判断。

在正式的商务场合或需要表达尊重的情境中，美国人可能会使用对方的姓氏加上"先生""女士"等称谓。然而，这种正式称呼的使用并不普遍，更多是在特定场合或需要强调对方身份地位时使用。美国人通常不喜欢用"经理""主任"等职位头衔的称呼，除非这些头衔是对方身份的重要标识，如"医生""教授"等，因为美国人认为过于强调职位头衔可能会显得过于正式或带有等级色彩。

（二）服饰衣着

正式的商务场合，美国人通常要求着装整洁、专业。男士通常选择穿着深色西装，搭配白色或淡色衬衫，戴领带、穿皮鞋。西装应合身，避免过于宽松或紧身。衬衫应干净、无污渍，领带颜色与西装和衬衫相协调。女士则可以选择穿着套装或职业连衣裙，搭配适当的鞋子和饰品。颜色上，通常以深色系或中性色为主，同时要避免选择过于花哨或暴露的服装。

对于非正式的商务活动，着装要求相对宽松，但仍需保持专业和整洁。男士可以选择衬衫搭配休闲裤和皮鞋。女士可以选择穿着职业休闲装或职业便装，如衬衫搭配裙子或裤装。

此外，无论正式还是非正式场合，都应注意避免穿着过于随意或暴露的服装，以免给人留下不专业的印象。同时，也要注意保持个人的整洁和卫生，如修剪整齐的指甲、干净的头发等。

在特定场合如参加商务晚宴或庆祝活动时，着装要求可能更为正式和隆重。男士可能需要穿着深色礼服或燕尾服，女士则可能需要穿着长礼服或晚礼服。

（三）宴请礼仪

美国人很珍惜时间，浪费他们的时间等于侵犯了他们的个人权利。在邀请对方参加宴会时，应提前发出邀请，明确告知时间、地点和目的，以便对方做好相应的准备。

因商务活动往来应邀去美国人家中做客或参加宴会，最好给主人带上一些小礼品，如化妆品、儿童玩具、本国特产之类。对家中的摆设，主人喜欢听赞赏的语言，而不愿听到询问价格的话。在用餐时，应等待主人或年长者先就座、开始用餐后再行动。当有女士步入客厅时，男士应该站起来，直到女士找到了位子才可坐下。

在美国商务宴请中，适度饮酒是被接受的。然而，应避免过量饮酒，以免影响自身形象和判断力。同时，也要尊重那些选择不饮酒的人。

（四）其他礼仪注意事项

尊重时间安排：美国文化中非常看重时间和效率，因此参加商务宴请时务必准时到达。这不仅是对对方的尊重，也体现了被邀请人的专业素养。如果有任何可能导致迟到的因素，应提前通知对方。

尊重个人空间：美国人注重个人空间和隐私，因此在交谈时，应保持适当的距离，避免过于接近或触碰对方。同时，也要尊重对方的隐私，避免询问过于私人化的问题。

简洁明了的交流：在商务宴请中，美国人通常倾向于直接、明确地表达观点和意图。因此，在交流时，应避免使用过于复杂或含糊不清的表达，而是简洁明了地阐述观点和需求。

尊重文化差异：在商务宴请中，可能会遇到来自不同文化背景的美国人。应尊重他们的文化差异，避免使用冒犯性或歧视性的语言。同时，也要去学习和了解他们的文化习俗，以便更好地了解及融入他们的文化。

单元四　日韩商务礼仪

一、日本

（一）见面礼仪

日本人非常重视初次见面的印象，因此，在商务活动中，一定要做到礼貌、尊重、谦虚。

打招呼：在商务场合，日本人通常会鞠躬以表示敬意。鞠躬的深度根据对方的身份和场合的正式程度而定。一般来说，与上司或客户见面时，鞠躬要更深一些；与同事或朋友见面时，鞠躬可以稍微浅一些。同时，要面带微笑，目光注视对方，以示友好和尊重。

交换名片：在日本，名片被视为身份的象征，交换名片是商务活动中的重要环节。在交换名片时，要用双手递上自己的名片，同时用双手接过对方的名片。接过名片后，要仔细查看并读出对方的姓名和职务，以示尊重。同时，要注意将名片妥善保管，不要随意丢弃或放在桌面上。

自我介绍：在商务场合中，自我介绍是必不可少的环节。在介绍自己时，要简洁明了地说明自己的姓名、职务和公司等信息。同时，要注意使用敬语和谦辞，以表示对对方的尊重。

（二）服饰衣着

日本商务服饰强调简约、整洁和庄重。在商务场合中，着装不仅代表了个人的形象，也体现了对对方的尊重。

男性着装：男性在商务场合中通常穿着西装套装，颜色以深色系为主，如黑色、深蓝色等。衬衫一般选择白色或淡色，避免选择过于花哨的颜色或图案。领带也是必不可少的配饰，其颜色要与西装和衬衫相协调。同时，要注意保持服装的整洁和干净，不要出现污渍或褶皱。

女性着装：女性在商务场合中的着装同样要简约、整洁。通常可以选择穿着西装套裙或连衣裙，颜色以素色或淡雅的花纹为主。避免穿着过于暴露或花哨的服装，以免给人留下不专业的印象。同时，要注意化妆适度，不要过于浓厚或夸张。

（三）宴请接待

宴请接待是增进友谊、加深了解的重要环节，遵循正确的餐桌礼仪不仅是对主人的尊重，也是展现自己教养的一种方式。

宴请准备：在宴请前，要了解对方的饮食习惯和喜好，以便安排合适的菜品和酒水。同时，要选择合适的餐厅或宴会厅，确保环境优雅、舒适。日本人吃饭，通常会将各种菜肴一次性端上来。吃的顺序是，先喝汤，然后从各盘、碗中挑夹一些菜。

接待礼仪：在客人到达时，要热情迎接并引导入座。一般来说，最尊贵的客人会坐在主人的右侧，其他客人则按照职务或年龄依次入座。在用餐过程中，要注意照顾对方的感受和需求，及时为对方添茶倒水、夹菜等。在就餐过程中，日本人吃得很慢，总是用左手端汤、饭碗；用筷子另一头从公盘中夹菜；在结束前，不撤走空盘。而且，在开始吃饭时要说"我要吃饭了"，吃完还要说"我吃饱了"。

餐后送别：在用餐结束后，要礼貌地送别客人，并表达感谢和期待再次见面的意愿。如果可能的话，可以送上一份小礼物或纪念品，以表达诚意和友谊。

（四）商务习俗

守时：日本人非常重视时间观念，因此在商务活动中要尽量守时。如果因故无法按时参加会议或活动，要提前向对方说明并道歉。

尊重权威：在日本文化中，等级制度森严，尊重权威是非常重要的。在与日本商务伙伴交往时，要尊重对方的职务和地位，不要随意质疑或反驳对方的观点。

赠送礼物：礼物在日本社会极其重要。在日本，商业性送礼是件花销很大的事，他们在送礼上慷慨大方的程度有时令人咋舌。在赠送礼物时，要选择适当的礼物并精美包装，同时要向对方表达诚挚的祝福和感谢。另外，要注意日方人员的职务高低，礼物要按职务高低分成不同等级。如果总经理收到的礼物同副总经理一样，那前者会觉得受了侮辱，后者也会感到尴尬。

尊重对方的信仰和习惯：在商务交往中，可能会遇到不同宗教信仰或习惯的人。要尊重对方的信仰和习惯，不要冒犯或歧视对方，避免因文化、信仰差异而引起不必要的误会或冲突。

【知识拓展】

日本人商务活动禁忌

在日本，"13"是忌讳的数字，许多宾馆没有"13"层和"13"号房间，羽田机场也没有"13"号停机坪。商店开业和新店落成时，忌说"烟火""倒闭""崩溃""倾斜""流失""衰败"及与"火"相联系的语言。交谈中忌谈人的生理缺陷，不说如"大个""矮子""胖墩""秃顶""麻子""瞎""聋""哑巴"等字眼，称残疾人为身体障碍者，称盲人为眼睛不自由者，称聋子为耳朵不自由者等。第二次世界大战是与日本人交谈时忌讳的话题。

日本人接待客人不是在办公室，而是在会议室、接待室，他们不会轻易领人进入办公的地方。日本不流行宴会，商界人士也没有携夫人出席宴会的习惯。商界的宴会是在大宾馆举行的鸡尾酒会。日本人没有互相敬烟的习惯。在日本，没有请同事到家与全家人聚会的习惯。日本人从来不把工作带到家里，妻子也以不参与丈夫的工作为美德。

（资料来源：王艳、王彦群的《国际商务礼仪》）

【案例】

意外的受伤

一位日本人与一位美国人从未见过面，他们对对方的文化背景了解得比较少，这两人都是第一次来到新加坡参加会议。两人事先约好在大厅先见面谈谈，届时两人均准时到达。日本人很快注意到了美国人比自己年长，准备以日本最礼貌的鞠躬礼问候对方。日本人在距离美国人两步之遥时，突然停住，双手扶膝，在美国人的正前方来了一个90度的鞠躬。与此同时，美国人伸出的手碰着了日本人的眼镜，造成了日本人的不快。

点评：

日本向来是以鞠躬为见面礼节，而美国人喜欢随意的打招呼方式，因为对对方的习俗不了解，导致了不愉快的发生。

（资料来源：结合网络资料整理）

二、韩国

（一）见面礼仪

韩国人在商务场合与客人见面时，习惯以鞠躬并握手为礼。握手主要是男士之间使用。女士一般不与男士握手，她们大多只是以鞠躬向他人致意。

握手礼：握手是韩国商务场合中最常见的见面礼节。握手时，双方应面带微笑，力度适中，时间不宜过长。同时，要注意与对方保持适当的距离，以显示尊重和礼貌。

鞠躬礼：鞠躬在韩国文化中具有重要的地位，尤其在正式场合或面对长辈、上司时，鞠躬礼显得尤为重要。鞠躬时，身体前倾，头部低下，以示恭敬。

（二）服饰衣着

在韩国，女士出门必须化妆。男士在商务场合亦重视衣着仪表，正式场合多着正装，不会过于前卫；女士也可着传统韩服。

男士着装：男士在商务场合应穿着西装或职业套装，颜色以深色系为主，避免选择过于花哨或暴露的服装。同时，要注意整洁干净，领带、鞋子等配件也要与整体着装相协调。

女士着装：女士在商务场合可以选择穿着职业套裙或裤装，颜色同样以深色系为主，避免选择过于暴露或夸张的服装。此外，妆容要得体，避免浓妆艳抹，保持自然大方的形象。

（三）宴请接待

宴会安排：在安排宴会时，要考虑到对方的喜好和饮食习惯，选择适当的餐厅和菜品。同时，要提前告知对方宴会的时间、地点和安排，以便对方做好准备。韩国人不喜欢油腻，但又特别喜欢吃辣味菜肴。辣泡菜和汤，这两种食品是不可缺少的。

座位安排：在宴会中，座次安排要遵循一定的规则。一般来说，主宾应坐在主人的右侧，其他客人则按照身份、职务依次入座。在安排座位时，要注意避免让客人感到尴尬或不舒服。

敬酒礼仪：在韩国，敬酒是宴会中的重要环节。敬酒时，要按照年龄、职位等顺序进行，先向长辈或上司敬酒，再向其他客人敬酒。同时，要注意控制饮酒量，避免过量饮酒影响形象和谈判效果。

用餐姿势：在用餐时，应保持端正的坐姿，不要趴在桌子上或将手肘支在桌子上。同时，要注意不要发出过大的声音或做出不雅的举动。如果是韩式餐厅，男士需盘腿就座，而着裙装的年轻女士则需跪坐。无论是谁，绝不能将双腿伸直或叉开，否则会被视为不懂礼貌或侮辱人。

餐具使用：在韩国，勺子用于盛汤、喝汤、捞汤里的菜、装饭、吃饭等，而筷子一般只负责夹菜。筷子不用时，传统的韩国做法是将其放在右手方向的桌面上，两根筷子拢齐，2/3 在桌面上，1/3 在桌外，方便再次使用。吃饭时，手中应时时拿着筷子或勺子，否则主人会认为你不愿意吃或已经吃饱了。但不要同时用双手拿筷子和勺子，不用的餐具轻轻放下，不能发出声音。

分享食物：在韩国文化中，分享食物是一种重要的传统。在商务宴会上，主人通常会为客人夹菜或分享食物。作为客人，可以适当地接受主人的好意，但也要注意不要过度依赖主人的照顾。

（四）商务习俗

尊重长辈和上司：在韩国文化中，尊重长辈和上司是非常重要的传统。在商务场合中，要了解对方的年龄、职位和地位，避免做出冒犯或不尊重的行为。

送礼文化：在韩国，送礼是一种重要的商务习俗。选择合适的礼物并恰当地赠送，能够加深双方的关系和友谊。在选择礼物时，要考虑对方的喜好和需要，避免选择过于昂贵或过于廉价的礼物。

尊重对方的文化习俗：在商务活动中，要尊重对方的文化习俗和宗教信仰，避免做出不尊重或冒犯对方的行为。例如，在涉及饮食、宗教信仰等方面的话题时，要谨慎对待，避免引起不必要的误会或冲突。

保持专业形象：在商务场合中，要保持专业形象，穿着得体、整洁干净，不要穿着过于随意或暴露的服装。同时，要注意言谈举止的得体性，不要使用过于口语化或粗俗的语言。

提前了解相关信息：在参加商务活动前，要提前了解对方的公司、产品或行业相关信息，以便更好地进行沟通和交流。同时，也要了解对方的文化背景和商务习俗，以便更好地适应和融入当地的商务环境。

【知识拓展】

韩国与日本商务服饰的主要差异

韩国商务服饰注重朴素整洁与庄重感。在商务场合，韩国男性通常会选择穿深色的西服套装，而女性则避免穿着过于前卫的服装。此外，韩国人还非常注重细节，例如在领口、袖口和裤脚等地方会进行精细的修饰，使整体着装更加精致。

日本商务服饰往往线条简洁柔美，注重整体效果和色彩搭配，将多余元素和刻意造作剔除，展现出纯粹和自然的美感。例如，常见的日系商务服饰包括素色连衣裙和拼接衬衣等，款式简单但注重细节处理。

韩国商务服饰相对保守和传统，强调稳重和庄重感。而日本商务服饰则更加注重简约、舒适和时尚感，展现出一种独特的东方韵味。此外，日本商务服饰在色彩和图案的运用上也更加灵活多变，相比之下，韩国商务服饰在色彩和图案的选择上更为保守。

这些差异反映了韩国和日本两国文化的不同特点。韩国文化注重传统和礼仪，因此在商务服饰上更强调庄重感和对场合的尊重。而日本文化则更加注重和谐与细节之美，这种审美观念也体现在其商务服饰的简约和精致上。

（资料来源：根据网络资料整理）

单元五　俄罗斯商务礼仪

俄罗斯，全称为俄罗斯联邦，是一个地跨欧亚两大洲的国家，首都为莫斯科。其国土总面积达到1709.82万平方千米，与多达14个国家接壤，由190多个民族组成，其中俄罗斯族占据主导地位。

俄罗斯的商务礼仪有其独特之处。俄罗斯人在谈判中可能表现出较少的肢体语言，这与美国等国家的商务文化存在明显差异。在与俄罗斯合作伙伴交流时，应保持耐心、诚信和尊重，以期建立长期稳定的合作关系。

一、见面礼仪

在俄罗斯，商务场合的见面礼仪通常较为正式。当与俄罗斯人见面时，应主动伸出手来握手，握手要坚定而自信，但不要过分强硬。握手时，应注视对方的眼睛，以表示尊重和诚意。在握手的同时，可以轻轻点头致意，并说"您好"或"很高兴见到您"等礼貌用语。

在俄罗斯，亲吻和拥抱也是常见的见面礼仪，但这通常只限于亲密的朋友或家人之间。在商务场合，应避免使用这种亲密的见面方式，以免给对方造成不必要的困扰或误解。

此外，在俄罗斯，名片的使用非常普遍。在交换名片时，应双手递上自己的名片，接受对方的名片时也要用双手。接过名片后，应认真看一遍，以表示对对方的尊重和关注。

二、服饰衣着

在俄罗斯，商务场合的服饰通常要求正式、得体。男性一般应穿着西装或职业套装，颜色以深色系为主，避免选择过于花哨或暴露的服装。女性则可以选择穿着套装或连衣裙，同样要注意颜色搭配和款式选择，避免选择过于暴露或随意的装扮。

此外，在俄罗斯，整洁干净的外表也是非常重要的。无论是男性还是女性，都应保持头发整洁、面部清洁，并注意个人卫生。在商务场合，还应避免佩戴过多的饰品。

三、宴请接待

在俄罗斯，宴请接待是商务交往的重要环节。在宴请时，主人通常会提前邀请客人，并确定好宴会的时间、地点和菜品等细节。在邀请时，主人会详细说明宴会的性质和目的，以便客人做好准备。

入座时应遵循主人或长辈的指示，不要随意选择座位。在用餐过程中，应保持优雅的姿态，不要大声喧哗或用手乱摸餐具。在取用餐具时，应使用公筷或刀叉，避免直接用手接触食物。如果需要暂时离开座位，应向主人或其他人打招呼并说明原因。

在宴会进行中，主人会热情招待客人，为客人介绍菜品和饮品，并确保客人的需求得到满足。客人则应尊重主人的安排和习惯，不要随意提出特殊要求或抱怨菜品不合口味。在用餐过程中，应保持优雅的举止和得体的言谈，不要有大声喧哗或粗鲁的行为。

在饮食习惯上，俄罗斯人讲究量大实惠，油大味浓。他们喜欢酸、辣、咸味食品，偏爱炸、烤、炒的食物，尤其爱吃冷菜。俄罗斯人以面食为主，他们很爱吃用黑麦烤制的黑面包。除了黑面包，俄罗斯人大名远扬的特色食品还有鱼子酱、酸黄瓜、酸奶等。吃水果时，他们通常不削皮。

此外，在俄罗斯，饮酒也是宴请接待中的重要环节。具有该国特色的烈酒伏特加，是他们最爱喝的酒。在饮酒时，应适量饮用，不要过量或强行劝酒。如果不会饮酒或不想饮酒，可以礼貌地说明情况，并选择合适的饮品代替。

四、商务习俗

守时：俄罗斯人非常重视守时。在商务会议或活动中，应准时到达，不要迟到或早退。如果因故无法按时到达，应提前通知对方并说明原因。

决策层级：俄罗斯的决策过程往往涉及多个层级和部门。在进行商务谈判时，可能需要与不同层级的负责人或决策者进行沟通。因此，了解对方的组织结构和决策流程是对商务谈判非常有帮助的。

正式沟通：俄罗斯商务沟通通常较为正式和保守。在书面沟通中，应使用正式的语言和格式；在口头沟通中，应保持礼貌和尊重，避免使用过于随意或冒犯性的言辞。

尊重权威：在俄罗斯社会中，尊重权威和长辈是非常重要的传统。在与俄罗斯商务伙伴交往时，应尊重对方的地位和身份，不要挑战或质疑对方的权威。

五、避免涉及的话题

政治敏感话题：俄罗斯人对于政治话题往往持有强硬的态度和立场，尤其是涉及与俄罗斯有利益冲突或敏感关系的国家及地区的话题。这类话题很可能引发争议和不必要的紧张气氛，因此应避免在商务活动中提及。

批评俄罗斯的文化、历史和宗教：任何对俄罗斯文化、历史和宗教的批评或质疑都可能被视为不尊重对方的国家和民族，进而影响到商务关系的建立和维护。因此，在与俄罗斯商务伙伴沟通时，应保持尊重和包容的态度，避免涉及这类话题。

过分讨价还价或压低价格：俄罗斯人通常喜欢谈大金额的合同，对交易条件要求苛刻，并且可能缺乏耐心。在商务谈判中，过分讨价还价或试图压低价格可能会被视为不尊重对方，影响合作的顺利进行。

询问私人问题：在俄罗斯文化中，个人隐私受到高度重视。因此，在商务活动中，应避免询问对方过于私人化的问题，如年龄、婚姻状况、家庭情况等，以免让对方感到不适。

使用冒犯性的语言或举止：在与俄罗斯人沟通时，应保持礼貌和尊重的态度，避免使用冒犯性的语言或举止。任何形式的侮辱、嘲笑或挑衅都可能破坏商务关系的和谐与稳定。

【知识拓展】

在俄罗斯应注意避免的几种错误行为

进入公众场合（特别是剧院）时，如身着外套（脚穿长筒靴），应把外套存放在衣帽间。在音乐厅、餐厅等场所，人们不应穿着外套。许多办公大楼也设有衣帽间。

站立或溜达时，不要双手放在口袋里。在公众场合，尤其应当杜绝这种行为。

不要穿着不正式的职业装，如白领的彩色衬衣。

不要在室内吹口哨。这不仅是一种错误的行为，而且会被俄罗斯人迷信地认为这种做法会让人伤财。

（资料来源：根据网络资料整理）

俄罗斯人商务活动禁忌

1. 言谈禁忌

俄罗斯人忌讳的话题有政治矛盾、经济难题、宗教矛盾、民族纠纷、苏联解体、阿富汗战争及大国地位问题。

2. 饮食禁忌

俄罗斯人在饮食上，一般不吃乌贼、海蜇、海参和木耳等食品，还有些人对虾和鸡蛋不感兴趣。境内的鞑靼人忌吃猪肉、驴肉和骡子肉。境内的犹太人不吃猪肉，不吃无鳞鱼。伊斯兰教教徒禁食猪肉和使用猪肉制品。

3. 其他禁忌

俄罗斯特别忌讳"13"这个数字，认为它是凶险和死亡的象征。他们认为"7"意味着幸福和成功。俄罗斯人不喜欢黑猫，认为它不会带来好运气。俄罗斯人认为镜子是神圣的物品，打碎镜子意味着灵魂的毁灭。但是如果打碎杯、碟、盘则意味着富贵和幸福，因此在喜筵、寿筵和其他隆重的场合，他们还会特意打碎一些碟盘来表示庆贺。俄罗斯人通常认为马能驱邪，会给人带来好运气，尤其相信马掌是表示祥瑞的物体，认为马掌即代表威力，又具有降妖的魔力。俄罗斯人有"左主凶右主吉"的传统思想观念，认为左手握手或左手传递东西及食物等，都属于一种失礼的行为，遇见熟人不能伸出左手去握手问好。

在进行商务交谈时，俄罗斯商人很在意合作方的举止细节。站立时，身体不能靠在别的东西上，而且最好挺胸收腹；坐下时，两腿不能抖动不停。在交谈前，最好不要吃会散发异味的食物。在会谈休息时可以稍微放松，但不能做出一些有失庄重的小动作，如伸懒腰、掏耳朵、挖鼻孔或修指甲等，更不能乱丢果皮、烟蒂和吐痰。

（资料来源：王艳、王彦群的《国际商务礼仪》）

【知识检测】

判断题

1. 在德国的商务场合中一般行握手礼，握手时间宜稍长。（   ）
2. 在美国人的商务交往中，彼此没熟悉之前不要送礼。（   ）
3. 新加坡人很喜欢紫色，很忌讳"4"和"7"这两个数字。（   ）
4. 俄罗斯人在饮食上，一般不吃乌贼、海蜇、海参等食品。（   ）
5. 俄罗斯人特别忌讳"13"，但是喜欢"7"。（   ）
6. 日本人忌讳在办公室接待客人，通常在会议室或者接待室接待客人。（   ）
7. 数字"13"和"星期五"是法国和意大利人都忌讳的。（   ）
8. 去韩国人家里做客，最好带些鲜花或者小礼品送给主人，但主人一般不会当面打开礼物。（   ）

【能力训练】

案例分析。

俄罗斯 A 外贸公司打算与浙江 B 外贸公司签订合同，A 公司派遣几名人员实地考察 B 公司的生产车间和公司规模等。B 公司提前准备了 7 朵为一束的鲜花。在考察当天，礼仪小姐一下抱了很多束鲜花，并用左手依次递给来访人员。B 公司接待人员还预订了简单奢华又讲究艺术性的酒店，并且觉得外国人肯定不习惯吃中餐，于是点了面包、牛肉，想借机展现一下中国传统海鲜美食，于是又点了一些海鲜，如乌贼、海参、海蜇等。另外，B 公司接待人员点了一些格瓦斯、啤酒之类的饮料。在吃饭期间，B 公司接待人员为了彰显自己的见多识广，大聊俄罗斯的历史、宗教、政治、时事。

思考与讨论：

1. 商务接待俄罗斯人时应注意哪些方面的礼仪？请点评本案例中 B 公司接待人员的做法是否恰当。

2. 查阅资料，了解世界上哪些国家以触摸头部为忌讳的，并进行详细的解释和说明。

参 考 文 献

[1] 金正坤. 国际礼仪 [M]. 北京：北京联合出版公司，2013.
[2] 金正坤. 商务礼仪 [M]. 北京：北京联合出版公司，2013.
[3] 金正坤. 职场礼仪 [M]. 北京：北京联合出版公司，2013.
[4] 金正坤. 国别礼仪金说 [M]. 北京：世界知识出版社，2008.
[5] 吕艳芝，徐克茹. 商务礼仪标准培训 [M]. 北京：中国纺织出版社，2019.
[6] 王艳，王彦群. 国际商务礼仪 [M]. 北京：电子工业出版社，2017.
[7] 赵亚琼，秦艳梅. 职业形象与礼仪 [M]. 北京：北京理工大学出版社，2018.
[8] 许湘岳，蒋璟萍，费秋萍. 礼仪训练教程 [M]. 北京：人民出版社，2012.
[9] 方凤玲，陆蓉. 空乘形象塑造 [M]. 北京：国防工业出版社，2016.
[10] 李嘉珊. 国际商务礼仪 [M]. 北京：电子工业出版社，2018.
[11] 宋常桐，耿燕. 公共关系与现代礼仪教程 [M]. 北京：电子工业出版社，2013.
[12] 周朝霞. 国际商务礼仪实训教程 [M]. 南京：南京大学出版社，2017.
[13] 李小丽. 商务礼仪与职业形象 [M]. 北京：北京交通大学出版社，2010.
[14] 特里·莫里森，韦恩·A. 康纳维，乔治·A. 伯顿. 国际商务礼仪指导手册 [M]. 魏春宇，赵雪，译. 北京：电子工业出版社，2020.
[15] 钱琳伊，盖琦琪. 国际商务文化与礼仪 [M]. 北京：高等教育出版社，2021.